Una visión compartida del liderazgo ministerial

Una visión compartida del liderazgo ministerial

Manual de política para la Iglesia Menonita de Canadá y la Iglesia Menonita de EE. UU.

MennoMedia

Harrisonburg, Virginia

Library of Congress Cataloging-in-Publication Data
Una visión compartida del liderazgo eclesial: manual de política para la Iglesia
Menonita de Canadá y la Iglesia Menonita de EE. UU.
    pages cm
    Includes index.
    ISBN 978-0-8361-9900-0 (pbk. : alk. paper) 1. Mennonite Church Canada--
Government. 2. Mennonite Church USA--Government. 3. Christian leadership-
-Mennonite Church Canada. 4. Christian leadership--Mennonite Church USA. I.
MennoMedia.
    BX8126.S53 2014
    262'.097--dc23

                            2014016272

Una visión compartida del liderazgo ministerial:
Manual de política para la Iglesia Menonita de Canadá y la Iglesia Menonita de
EE. UU.
© 2017 by MennoMedia, Harrisonburg, Virginia 22802. 800-245-7894.
Todos los derechos reservados.
ISBN: 978-1-5138-0311-1
Impreso en los Estados Unidos de América
Diseño de tapa: Merrill Miller
Diseño gráfico: Reuben Graham
Traducción: Cristina Horst, Zulma Prieto

Salvo en los casos en que se expresa de otra manera, las citas bíblicas se tomaron con
permiso de la Versión Reina Valera Contemporánea, © 2009, 2011 de Sociedades
Bíblicas Unidas.

El contenido de este libro fue financiado de manera conjunta por la Iglesia
Menonita de Canadá y la Iglesia Menonita de EE. UU.

22 21 20 19 18 17   10 9 8 7 6 5 4 3 2 1

 MennoMedia

Indice

Introducción

Una visión común de cómo hacemos las cosas en la iglesia, específicamente en el área del liderazgo, es un servicio para las congregaciones locales, las conferencias regionales y la denominación. Basado en muchas experiencias de ministerio, este libro identifica y nombra el mejor camino para la salud de todos los involucrados. La intención del contenido no es ser un libro de reglas ni se supone que en estas páginas se abordan todas las preguntas posibles sobre el ministerio. Sin embargo, es nuestro esfuerzo por edificar relaciones duraderas de respeto e integridad entre las congregaciones, las conferencias regionales y sus líderes acreditados.

Las relaciones saludables conocen el valor de conversar sobre las expectativas e identificarlas intencionalmente al comienzo de una relación. Revisar periódicamente estos entendimientos comunes—para ver qué podría necesitar renegociarse y ajustarse a las nuevas realidades—es una manera preventiva de sostener una relación saludable. Las expectativas desconocidas y no expresadas llevan a la frustración innecesaria y al estrés relacional.

El contenido que encontrará a continuación es una revisión de un libro anterior, *A Mennonite Polity for Ministerial Leadership*. Este importante trabajo se realizó antes del proceso de transformación del 2001 que produjo como resultado tanto la Iglesia Menonita de Canadá como la Iglesia Menonita de EE. UU. Ha brindado un buen servicio a nuestras iglesias nacionales al crear visiones compartidas sobre cómo hacemos las cosas en la iglesia en el área del liderazgo ministerial. El manual anterior ofreció un marco para la comprensión del liderazgo ministerial comenzando con el Nuevo Testamento, la historia de nuestras distintas políticas y el proceso de unificación. Aquellos que desean tener esta perspectiva histórica pueden consultar el material.

Mucho ha cambiado en nuestro mundo y en nuestra iglesia. Nuestras visiones acordadas hacen bien en reflejar este hecho. Las revisiones manifestadas en este libro son una manera de darle nombre a la iglesia misional que entendemos Dios nos llama a ser.

Anhelamos en oración que estos esfuerzos ayuden a las congregaciones y líderes ministeriales a vivir juntos y con mayor plenitud nuestro llamado vocacional. Agradecemos a todos los ministros de conferencias e iglesias regionales, pastores, eruditos y otros líderes eclesiales de la Iglesia Menonita de Canadá y la Iglesia Menonita de EE. UU. que aportaron sus pensamientos y sabiduría para el desarrollo de este documento.

—Karen Martens Zimmerly, Nancy Kauffmann y Terry Shue,
ministros denominacionales para la Iglesia Menonita de Canadá
y la Iglesia Menonita de EE. UU.

Nota: en este documento binacional que sirve tanto a la Iglesia Menonita de Canadá como a la Iglesia Menonita de EE. UU., introdujimos el término *conferencia regional* para referirnos a la parte regional de la iglesia, entre la congregación local y la iglesia nacional. En este documento, este término se utiliza para la *iglesia regional* y la *conferencia*.

Sección I: Trasfondo teológico para el ministerio

A lo largo del relato bíblico vemos cómo Dios se mueve en la historia, las culturas y los pueblos y a través de ellos. Con la venida de Jesús, la encarnación y la revelación plena de Dios, vemos y comprendemos de una nueva manera la pasión de Dios por la reconciliación con toda la humanidad y el mundo. A través del poder del Espíritu Santo somos amados, redimidos, llamados y enviados a este mundo para participar de la misión de Dios de reconciliar a todas las personas con él, con la humanidad y con la creación (Romanos 8). Este mismo Espíritu nos transforma y nos coloca en comunidades donde descubrimos el propósito de nuestra vida y nuestro lugar en la misión de Dios. La transformación personal es el punto de partida vital que lleva finalmente a una vida de compromiso con el mundo que Dios también desea transformar. Nuestra respuesta a toda la iniciativa de Dios—en el pasado, el presente y el futuro—es el fundamento de todos los ministerios cristianos.

Aunque permanecen lugares y recordatorios de una cultura cristiana dominante anterior, las experiencias poscristianas de la realidad se empiezan a destacar en la sociedad norteamericana. Esta realidad creciente nos desafía a clarificar nuestra propia comprensión de lo que significa ser la iglesia en el mundo. Esta necesidad de claridad alcanza a los asuntos básicos de la identidad, el ministerio y la misión de la iglesia. La iglesia se encuentra en los márgenes de la sociedad, con un área de influencia drásticamente disminuida en los poderes políticos y sociales que durante siglos otorgaron a la iglesia su fortaleza institucional. Irónicamente, en el preciso momento en que la fortaleza institucional de la iglesia cristiana se está erosionando en Occidente, los menonitas han comenzado a reflejar las características convencionales de la sociedad, en lugar de las tendencias separatistas de generaciones previas. Estos cambios le plantean interrogantes desafiantes a la iglesia como agente principal de la misión de Dios en el mundo.

En esta nueva experiencia de la realidad, creemos que Dios nos ha llamado a ser una iglesia cuya identidad, ministerio y misión se forman continuamente en la intersección de la Palabra (Juan 1:1) y el mundo (Juan 1:10). Se trata de un proceso dinámico que, cuando permite la guía del Espíritu, tiene profundas implicaciones en el llamado, la formación, la identidad y el funcionamiento de los líderes en la iglesia.

En el contexto poscristiano, los modelos bíblicos de liderazgo ministerial vuelven a surgir como relevantes e importantes. Los cinco ministerios mencionados en Efesios 4 (vea Sección IV) ayudarán a las congregaciones a identificar y nombrar los dones necesarios para el liderazgo eclesial en medio de los cambios culturales que surgen alrededor nuestro. De igual manera, el modelo misional de Lucas 10 caracteriza a los *enviados* como líderes que salen de su contexto llevando adelante ministerios experimentales e imaginativos.

Todos los seguidores de Jesús son llamados al ministerio: como individuos, como parte de la comunidad local de creyentes y como parte de la iglesia toda. Dentro de esta visión más amplia del ministerio, la iglesia menonita reconoce roles de liderazgo que podrían o no recibir acreditación. Estos roles de liderazgo son un medio para otra cosa, en lugar de ser un fin en sí mismos. El ministerio cristiano apunta más allá de la iglesia, hacia el mundo como centro de la misión de Dios. Por lo tanto, el objetivo del liderazgo cristiano es equipar a la iglesia para participar de la actividad redentora de Dios en el mundo.

Este documento describe las razones por las cuales la iglesia acredita a personas que sirven en el ministerio pastoral, el liderazgo congregacional y otros ministerios de liderazgo especializado. Una acreditación es una aprobación para el ministerio otorgada a una persona por un período de tiempo. La acreditación es una acción de la iglesia en respuesta al llamado de Dios y la guía del Espíritu en la congregación y en la vida del aspirante. Es solicitada por la congregación, administrada y sostenida por la conferencia regional y otorgada a la persona que ejerce el ministerio para permitir la rendición de cuentas y brindar mayor credibilidad al ministerio del que la recibe.

El ministerio encuentra su fundamento en el Nuevo Testamento

Aunque el Antiguo Testamento ofrece numerosos ejemplos de casos en que Dios llama y utiliza líderes, los modelos más aplicables a la iglesia actual se encuentran en el Nuevo Testamento. El lenguaje y las imágenes del Nuevo Testamento respecto al ministerio son variados y a la vez complejos. Se utilizan docenas de palabras e imágenes para describir las dimensiones multifacéticas del ministerio: *siervo, diácono, apóstol, anciano, presbítero, cuidador, obispo, evangelista* y *pastor.*

Además de los términos e imágenes especiales, varios pasajes del Nuevo Testamento hablan directamente del liderazgo ministerial. Efesios 4, 1 Corintios 12-14 y Romanos 12 ponen un énfasis especial en la naturaleza de los dones espirituales y de liderazgo y el lugar que ocupan en la iglesia. Cada uno de estos dones concedidos a la iglesia es parte de un todo mayor. Cada uno es incompleto en sí mismo, pero juntos erigen el cuerpo de Cristo.

1 Pedro 4:10-11 enfatiza el servicio a otros como mayordomía de la gracia de Dios. En el capítulo 5:1-4 se visualiza a Jesucristo como el Pastor principal y se llama a los ancianos a ser pastores del rebaño de Dios. 2 Corintios se dedica casi por completo a los asuntos del liderazgo ministerial. Pablo defiende y habla de su llamado a ser apóstol y su respuesta a quienes se le oponen. Plantea metáforas para el ministerio tales como "el aroma de Cristo", "embajadores" y "agentes de reconciliación". Además de estos pasajes, miramos el ministerio en sí de la iglesia primitiva, como en Hechos y en las epístolas.

En el ministerio de Jesús encontramos tanto el sentido como el modelo para nuestro ministerio. El ministerio de Jesús deriva de su relación con Dios. Esto resultó en su convicción de ser tanto llamado como enviado. En Jesús vemos al que "se rebajó voluntariamente, tomando la naturaleza de siervo" (Filipenses 2:7 NVI), fue obediente a Dios incluso hasta la muerte y sin embargo ejerció el ministerio con autoridad, confianza, compasión y competencia. Vemos que el ministerio de Jesús

- encuentra su centro y autoridad en Dios (Juan 17:1-5)
- rinde cuentas a Dios (Juan 17:6-12)
- proclama el reino de Dios (Lucas 4:18-19)

- instruye en los caminos de Dios (Mateo 5-7)
- hace de puente cuando existen divisiones económicas, culturales y raciales (Efesios 2:14-22)
- confronta a los poderes malignos (Lucas 11:14-20)
- llama a las personas al amor (Mateo 5:43-48)
- demuestra compasión (Marcos 1:29-34)
- celebra la vida (Juan 2:1-11)
- desarrolla una relación con Dios con actitud de oración (Juan 5:16-27)
- llama a las personas al arrepentimiento y el perdón de los pecados (Mateo 4:17; 9.2)
- respeta la libertad de otros (Lucas 18:18-25)
- autoriza a otros para el ministerio (Mateo 16:17-19)
- llama a las personas a responder con el compromiso y el discipulado (Juan 3:1-21).

El ministerio y liderazgo de Jesús fue poderoso pero no dominante, autoritativo pero no tiránico. Fue dador de vida, liberador y amoroso aun hasta la muerte. En Juan 20:21 Jesús declara a sus discípulos: "Así como el Padre me envió, también yo los envío a ustedes". En el corazón de este envío está el contenido desafiante y contracultural del ministerio, que es el discernimiento moral: "A quienes ustedes perdonen los pecados, les serán perdonados; y a quienes no se los perdonen, no les serán perdonados" (Juan 20:23).

Al ser llamado por Dios y moldeado por ministerio de Jesús, todo ministerio cristiano es encarnacional, está lleno de propósito y muestra una disposición a asumir riesgos. Como líder siervo (Lucas 22:26), Jesús enseñó a sus seguidores a ministrar en el nombre de Cristo (Mateo 28:19-20), autorizados y fortalecidos por el Espíritu de Cristo (Hechos 1:8), alentados por la autoridad de Cristo (Mateo 18:15-20). Del estudio de estos pasajes surgen las convicciones de que el ministerio cristiano

- continúa el trabajo de reconciliación de Dios a través de Jesús y es confiado a la iglesia;
- es un llamado caracterizado por una vida de compasión, santidad y humildad de espíritu;

- está enraizado en el amor de Dios y depende del poder del Espíritu Santo para seguir fielmente a Jesús;
- reconoce que el Espíritu de Dios ya está trabajando en cada contexto ministerial; y
- depende de los dones del Espíritu que otros poseen para representar y convertirse en el cuerpo terrenal de Cristo.

El ministerio encarna el estilo de Jesús

El fundamento de todo ministerio es la persona de Jesús. Su vida, enseñanzas, muerte y resurrección conforman el mensaje del evangelio. Todos los seguidores de Jesús encarnan el camino de Jesús en sus contextos locales. La persona de Jesús y sus buenas nuevas moldean la identidad y el testimonio de la congregación.

De manera similar, la vida del líder es un camino personal de crecimiento a través de las disciplinas espirituales y la práctica del liderazgo. El modelo de liderazgo de Jesús consiste en encarnar el cuidado de los que pertenecen a la comunidad de fe, así como el cuidado y la preocupación por quienes están fuera de ella. Un liderazgo de este tipo influye en la congregación, la comunidad circundante y el mundo. Un liderazgo de este tipo produce comunidades que proclaman la vida, la muerte y la resurrección de Jesús y representan al reino de Dios.

El ministerio es para todos los creyentes bautizados

Jesús llamó a todos sus seguidores al discipulado activo (Mateo 16:24) y los envió al mundo (Juan 20:21). La iglesia primitiva reconocía que el llamado a la conversión y al discipulado era un camino de toda la vida con Jesús que involucraba una transformación a través de las prácticas comunitarias de la comunidad de fe: la adoración, el ministerio y la misión (Hechos 2:42-47). Jesús envió en parejas a setenta y dos representantes a los pueblos y ciudades vecinas con el mensaje que caracteriza al reino de Dios: "¡Paz a esta casa!" (Lucas 10:1-5). De acuerdo a Efesios 4:1-16, Cristo otorga a los individuos diferentes dones para edificar el cuerpo de Cristo de manera que el pueblo de Dios se capacite para el servicio. Este mismo patrón se describe como obra del Espíritu Santo en 1 Corintios 12 y como modo de participar del cuerpo de Cristo en Romanos 12. Para que las buenas nuevas se transmitan, todos los creyentes bautizados son ministros del evangelio en su vida cotidiana.

El ministerio adquiere formas ricamente variadas y diversas

En la historia reciente, el liderazgo congregacional menonita ha reflejado principalmente las funciones del Nuevo Testamento en roles como el del anciano, el diácono, el obispo y el pastor. Cada una de estas funciones puede ser llevada a cabo por individuos o por un equipo de personas que trabajan en forma conjunta. Estas funciones de liderazgo ayudan a la congregación a encontrar una orientación general y permite que los numerosos dones y ministerios actúen en conjunto y participen plenamente de la misión de Dios en el mundo. En los hospitales, centros de salud mental, instituciones educativas, empresas y cárceles, la gente también expresa la necesidad y el anhelo del evangelio de Cristo, de cuidados espirituales y de una comunidad de amor.

En Norteamérica, la iglesia menonita sigue creciendo en su diversidad de tamaño, ubicación, estilo de adoración, conformación socioeconómica y cultura. Las congregaciones están en un continuo entre tradicionales y experimentales. Las nuevas expresiones de las comunidades de fe están desarrollando roles únicos de ministerio y liderazgo para sus contextos locales.

La creciente diversidad está ayudando a la iglesia a reconocer una vez más que es necesario identificar dones de liderazgo adicionales en el Nuevo Testamento, valorarlos y adaptarlos para poder llevar a cabo su llamado de ser la enviada de Dios al mundo. Además de pastores, necesitamos apóstoles, profetas, evangelistas y maestros (Efesios 4:11). Aquellos que poseen estos dones tienen que ser llamados, educados y capacitados en la teología y la práctica anabautista.

Este documento provee una política menonita del ministerio de liderazgo que abarca una diversidad de roles ministeriales y brinda una estructura y guía para tres categorías generales de líderes:

1. Líderes congregacionales, tales como ancianos, diáconos, ministros laicos y presidentes congregacionales, que representan

a los miembros de la congregación y comparten con los líderes acreditados las responsabilidades de guiar a la congregación.

2. Ministros acreditados que proveen liderazgo en un contexto local y/o específico (pastores, capellanes y otros incluidos en los cinco ministerios de Efesios 4).

3. Líderes que supervisan a conferencias regionales, congregaciones y pastores (por ej., líderes eclesiales nacionales, líderes de conferencias regionales, ministros regionales).

Un modelo como éste permite el orden, la diversidad y el mover creativo del Espíritu. Comprende que la autoridad es tanto comunitaria como individual. Expresa el servicio a los demás sin dominarlos. Lleva el sello de la mutua rendición de cuentas y la responsabilidad personal de todas las personas en el liderazgo, entre sí y ante el Señor de la iglesia.

La iglesia llama a personas a oficios de ministerio

Todos los creyentes reciben dones para el ministerio, y la iglesia menonita valora el *sacerdocio de todos los creyentes*. Cada creyente tiene acceso directo a Dios. Todos son llamados a compartir el rol sacerdotal de interpretar las Escrituras, participar de la disciplina y el perdón mutuos y de ser testigos de Cristo. La iglesia menonita reconoce además que algunos miembros son llamados a oficios específicos de ministerio. El *oficio de ministerio* se refiere a aquellos roles o funciones

- donde se abraza el hecho de estar permanentemente abiertos a la transformación por el Espíritu como la virtud fundamental y esencial que nos permite guiar y enseñar a otros sobre el deseo de Dios para sus vidas,

- a través de los cuales se disciernen, se llaman y se desarrollan los dones de otros miembros para erigir el potencial de la iglesia de unirse a la misión de Dios,

- a los cuales las personas son llamadas y asignadas más frecuentemente de forma permanente o a largo plazo,

- que representan a toda una congregación local o a todo el cuerpo de la iglesia, y

- que conllevan una responsabilidad particular de liderazgo o supervisión.

Los oficios de liderazgo ministerial pertenecen a la iglesia, no al individuo. La congregación y el pastor disciernen juntos los dones y el carácter que ayudarán a la congregación a unirse a la misión de Dios. La búsqueda de asesoramiento sabio ayudará al individuo a tomar una decisión más fiable acerca de ingresar o continuar en el oficio ministerial. Tales decisiones deberán ser tomadas en oración y mediante la conversación con otros en la comunidad cristiana.

Como iglesia comprometida con la visión de Dios de reconciliar a todas las personas con Dios en Cristo y derribar todos los muros divisorios de hostilidad (Efesios 2), la Iglesia Menonita de Canadá y la Iglesia Menonita de EE. UU. afirman que Dios otorga dones de ministerio y llama a las personas a los ministerios de liderazgo sin hacer distinción de género, raza, origen étnico/cultural o posición social. La iglesia menonita, como una sola comunidad del pueblo de Dios, llama a las personas desde esta diversidad como un signo de la unidad y el amor de Dios para con todo el mundo (Juan 17:23). Por lo tanto, no existe lugar en el ministerio menonita para la discriminación por género, raza, posición social o identidad étnica/cultural/nacional (Gálatas 3:27-28; 1 Corintios 12:4-6).

El ministerio recibe su autoridad de Dios y de la iglesia

En el Nuevo Testamento, la autoridad para el ministerio tiene sus raíces en Jesucristo, quien la recibió de Dios (Mateo 28:18) y a través del Espíritu Santo autoriza a las personas a ser ministros de las buenas nuevas. La iglesia afirma que el llamado de Dios que da autoridad a través de Cristo es esencial para el ministerio. La iglesia comparte el rol de discernir el llamado del pastor, bendecirlo y otorgarle autoridad al líder ministerial. La iglesia y sus líderes rinden cuentas tanto a Dios como entre sí mientras responden al llamado al ministerio y brindan liderazgo con autoridad.

Entonces, ¿qué entendemos por autoridad? Jesús redefine la autoridad (Marcos 10:43-45) y por lo tanto redefine el modo en que la iglesia y sus líderes deben conducir. Esta autoridad para el ministerio consiste en al menos tres realidades interrelacionadas: el ser, el oficio y la tarea.

Todos los seguidores de Jesucristo son llamados a una vida de obediencia a Dios en la que la voluntad de Dios se realiza en la tierra como en el cielo (Mateo 6:10). Cuando nuestra vida como individuos y como comunidad de fe da evidencia de la gracia, la alegría y la paz de la esperanza y la sanación de Dios, este testimonio fortalece nuestro ser y le confiere autoridad. Esta dimensión del ser es tanto dinámica como fundacional para el ministerio pastoral. El ser de un líder se expresa en el carácter que se desarrolla a través del bienestar espiritual, emocional y relacional. Cuando el ministerio de un líder posee profundidad espiritual, competencia en el ministerio y confianza relacional creciente, el carácter que va madurando en el pastor fortalece la autoridad que la iglesia confiere.

El *oficio* es una manera simbólica de hablar del rol representativo que realiza un líder ministerial de parte de la iglesia. La autoridad para llevar a cabo dicho rol se confiere a la posición, no a la persona. Cuando la iglesia ordena u otorga la licencia a un pastor, coloca a una persona en una posición a la que ya se le dio autoridad. Este oficio puede estar vacante u ocupado, pero la autoridad corresponde al oficio, no al individuo.

La *tarea* se refiere a los roles específicos, como predicar, enseñar, involucrarse con la comunidad, la administración y el cuidado pastoral. Existe cierto grado de autoridad relacionada con la realización de estas tareas que proviene tanto de la persona como de la congregación.

Liderar con autoridad es estar en la naturaleza y el espíritu de Jesús y de las Escrituras del Nuevo Testamento: "[profesar] la verdad en amor" (Efesios 4:15) y "no [ser] tiranos con los que están a su cuidado" (1 Pedro 5:3 NVI). Los pastores utilizan la autoridad que Dios y la iglesia han conferido a través del servicio, los vínculos que se van fortaleciendo y el liderazgo que edifica al cuerpo de Cristo. El resultado es una iglesia que busca la voluntad de Dios en forma conjunta y crece al unirse a la presencia y la misión de Dios en el mundo.

Comprender la ordenación

Los oficios de ministerio son un gran tesoro de la iglesia. A través del discernimiento cuidadoso en oración, la iglesia se une a Dios para llamar a las personas al ministerio de liderazgo. La ordenación, entonces, es un acto de la iglesia que confirma a quienes Dios y la iglesia han llamado para los roles particulares del ministerio—tanto para edificar el cuerpo local como para comprometer aún más a la congregación en la misión de Dios. Al ordenar a estas personas para el ministerio del liderazgo, la iglesia los declara cuidadores del evangelio, pastores del pueblo de Dios y agentes de sanación y esperanza para el mundo. Un liderazgo así busca "perfeccionar a los santos" para que "[crezcan] en todo en Cristo" y "[sean] digno[s] del llamamiento que han recibido de ser partícipes de la misión de Dios" (Efesios 4:1-16).

La ordenación tiene sus raíces en el Antiguo Testamento. Dios dio instrucciones a Moisés de consagrar a Aarón y a sus hijos como sacerdotes para la congregación del pueblo de Dios (Éxodo 29; Levítico 8-10). Durante un período de siete días, los israelitas observaron una serie prescripta de aseos, vestimentas, unciones, sacrificios, comidas y ofrendas hasta que al final "Aarón levantó las manos en dirección al pueblo, lo bendijo... y el Señor mostró su gloria a todo el pueblo" (Levítico 9:22-23).

Aunque el Nuevo Testamento no ofrece un mandato claro para una ceremonia como ésta, sí relata numerosas oportunidades en que Jesús y la iglesia dieron su bendición y confirmación a personas llamadas y enviadas a representar a Dios y a la iglesia en el servicio y el testimonio. Algunos ejemplos incluyen los pasajes de Lucas 9:1-6 (la misión de los Doce), Mateo 28:16-20 (el envío de sus discípulos), Juan 21:15-19 (las palabras de Jesús a Pedro), Hechos 6:1-7 (siete escogidos para servir), Hechos 13:1-3 (el envío de Bernabé y Saulo), Hechos 1:12-26) (escogen a Matías para reemplazar a Judas) y 2 Timoteo 1:6 (imposición de manos a Timoteo).

Recién en el siglo 3 d.C. se describió y se definió la ordenación para el ministerio del liderazgo como un acto específico de la iglesia que responde al mandato bíblico de que "todo se haga decentemente y con orden (1 Corintios 14:40).

Las divisiones y herejías en la iglesia cristiana temprana revelaron la necesidad de ordenar a los líderes para proteger, conservar y defender la fe apostólica. Siguiendo el consejo de 1 Timoteo 5:22. "No impongas a nadie las manos con ligereza", la iglesia vio la necesidad de brindar claridad en relación con los roles y relaciones de liderazgo dentro de la comunidad de fe.

Las confesiones anabautistas de los siglos 16 y 17 (Schleitheim 1527, Dordrecht 1632, Cornelis Ris 1766) dieron pocos lineamientos específicos acerca del sentido o la práctica de la ordenación, pero son evidencia de que el culto de ordenación se realizaba.

La ordenación en la sección comentada del artículo 15 de la *Confesión de fe desde una perspectiva anabautista* de 1995 es "un evento único, que se mantiene activo por el servicio continuo en la iglesia y para ella".

¿Qué es la ordenación?

La ordenación es un acto conjunto de la congregación, la conferencia regional y la denominación, que llaman y asignan a un miembro al ministerio de liderazgo continuo en la vida y misión de la iglesia. El acto de ordenación incluye el pacto entre la iglesia y la persona que se ordena, la imposición de manos y la oración de bendición de la ordenación. Cuando la iglesia ordena a un hombre o una mujer para el ministerio del liderazgo, tiene la intención de expresar al menos lo siguiente:

1. Confirmamos el llamado de Dios a la persona que se ordena para el ministerio de liderazgo dentro de la iglesia o de parte de ella, y afirmamos la respuesta de esta persona al llamado de Dios. Es un tiempo de bendición y celebración de la iglesia por los dones de gracia de Dios a todos, y es parte del ministerio de la iglesia.

2. Afirmamos a la persona por los dones únicos para el liderazgo que trae a la comunidad cristiana. Reconocemos la inversión en crecimiento espiritual, relacional e intelectual para este

rol en la iglesia. Afirmamos la claridad de identidad como pastores de la iglesia y servidores de Jesucristo (Hechos 20:28; 1 Pedro 5:2-4).

3. Identificamos a la persona que se ordena como alguien que de algún modo representa a Dios en un rol de sacerdocio dentro de la comunidad de fe, en la que todos son sacerdotes que sirven a Dios (Apocalipsis 1.6: 5-10). Reconocemos que el rol del liderazgo espiritual dentro de la iglesia encuentra sus raíces en Cristo, es guiado por el Espíritu Santo y se lleva a cabo en la vida a través de la práctica de las disciplinas espirituales cristianas, la vida ética y la humildad.

4. Confiamos un oficio de ministerio a la persona que se ordena y autorizamos a la persona a actuar como representante de la iglesia, con los privilegios y las responsabilidades que este oficio conlleva. Reconocemos en este oficio ministerial una autoridad otorgada para el liderazgo dentro de la iglesia. Dicha autoridad se sostiene constantemente con la evidencia de competencia, sabiduría, carácter y humildad.

5. La congregación y la persona que se ordena se comprometen en un pacto de mutua rendición de cuentas, apoyo, respeto y cuidado. La persona se compromete a vivir una vida de integridad moral, ser un mayordomo fiel del evangelio, liderar con humildad, respetar a otros y crecer en el ministerio. La congregación se compromete a orar por la persona que se ordena, dar y recibir consejo, apoyar el ministerio de liderazgo de la persona y reconocer la autoridad del oficio para el cual el pastor ha sido ordenado.

6. Declaramos nuestra confianza en la persona que se ordena con el suministro de una acreditación para el ministerio de liderazgo a fin de edificar a la iglesia para el servicio al mundo (Efesios 4).

¿Quién puede ser ordenado?

El llamado al ministerio de liderazgo se da en el contexto del nuevo nacimiento de la persona a una relación viva y perdurable con Dios por medio de Cristo. El ministerio de liderazgo se cimienta primeramente en el llamado que recibe la persona de seguir a Cristo. La persona que se ordena será un miembro de la congregación menonita y afirmará la confesión de fe vigente como guía de fe y práctica dentro de la iglesia menonita. Cuando la iglesia ordena a miembros para ciertos roles de liderazgo confirma a:

- aquellos que reflejan los parámetros bíblicos de vida cristiana, como los frutos del Espíritu: "amor, gozo, paz, paciencia, benignidad, bondad, fe, mansedumbre, templanza" (Gálatas 5:22-23);
- aquellos que creen que Jesús enseña que servir a los demás es una característica central que define a todos los líderes auténticos que se esfuerzan por llevar esto a cabo en su vida (Marcos 10:42-45);
- aquellos cuyas vidas modelan las expectativas bíblicas de liderazgo para pastores, obispos, diáconos y ancianos (1 Corintios 4:1-13; 12:1-14.40; 1 Timoteo 3:1-6:19; 2 Timoteo 1:3-3.8; Tito 2:1-3:11; 1 Pedro 5:1-11);
- aquellos que son llamados a tareas especiales y ministerios de liderazgo en la iglesia y para ella (Romanos 12:6-8; 1 Corintios 12:1-31; Efesios 4:11-13).

La ordenación es para personas que están en ministerios pastorales en la congregación, así como en ministerios de liderazgo en contextos especializados. Sin embargo, la ordenación no es necesariamente apropiada sólo porque la persona esté empleada en una institución perteneciente a la iglesia o relacionada con la misma.

Al afirmar que en Cristo "ya no hay judío ni griego; no hay esclavo ni libre; no hay varón ni mujer, sino que todos ustedes son uno en Cristo Jesús" (Gálatas 3:28), el género, la raza, la posición social y la identidad étnica/cultural/nacional no determinarán quién puede recibir la ordenación.

Las implicaciones de la ordenación

La iglesia menonita ha rechazado tradicionalmente la visión de que la ordenación es un sacramento que produce un cambio en la persona que se ordena. Pero en tanto las personas siempre son afectadas y cambiadas por una experiencia de compromiso y pacto, la ordenación puede convertirse en un momento que moldea la vida de una persona y le otorga identidad. Un líder ordenado está autorizado para actuar y hablar de parte de la iglesia en muchos contextos mientras ocupa un cargo de liderazgo y/o ministerial. Aunque rinde cuentas a la iglesia por el modo en que hace uso del privilegio, a un pastor ordenado se le concede la autoridad de representar a la iglesia tanto dentro de la comunidad de fe como fuera de ella.

La ordenación ofrece una tarea de liderazgo y/o ministerial mediante la cual la persona busca cumplir con su llamado. Si bien la ordenación es un llamado importante que pocos miembros de la iglesia reciben, no representa una posición de mayor santidad sino un lugar desde el cual vivir y trabajar para la iglesia.

La ordenación se ha comprendió tradicionalmente como un compromiso de por vida y por lo tanto no es un acto repetible. Las personas ordenadas deberán guiarse por parámetros éticos altos y rendir cuentas a la conferencia regional que conserva su acreditación de ordenación, así lleven adelante una tarea concreta de liderazgo y/o ministerial en el momento o no. Las personas ordenadas que llegan a la edad de jubilarse y descontinúan el ministerio de liderazgo activo conservan su ordenación, pero ya no mantienen un oficio de ministerio en la congregación. Los pastores jubilados y otras personas ordenadas limitarán su ministerio de liderazgo dentro de la congregación, salvo que reciban la invitación del actual pastor. Continuarán rindiendo cuentas a la conferencia regional que conserva su acreditación y a la congregación de la que son miembros. Esta norma se aplica también a los ministros de conferencia regionales y al personal de la iglesia nacional que poseen acreditación.

Sección II: Calificaciones para el ministerio

El ministerio es un llamado a dar frutos en el servicio a Dios. Un ministerio que madura y da vida surge de una fe creciente y personal en Cristo. Las calificaciones para el ministerio corresponden a cuatro categorías principales: carácter personal, llamado, función y formación/capacitación.

Dios llama y la iglesia responde estableciendo y nutriendo los contextos para el ministerio. Por lo tanto, la iglesia es en última instancia responsable por los contextos en los que los pastores lideran a la iglesia. Se espera que cualquier persona llamada a servir en tal oficio conserve su membresía por al menos un año en una congregación menonita y dé evidencia clara de un profundo compromiso con esa comunidad de creyentes. Los pastores de otras tradiciones de fe cristianas comenzarán un proceso de discernimiento con la congregación y la conferencia regional que conservan su membresía con el fin de determinar su compatibilidad para liderar una congregación menonita. Las oficinas de la iglesia nacional, junto a los líderes de la iglesia regional, comparten un protocolo para llamar a personas de otras tradiciones de fe al liderazgo de congregaciones menonitas.

Efesios 4 nombra los dones de liderazgo de apóstoles, profetas, evangelistas, pastores y maestros para que la iglesia esté preparada para el ministerio y crezca en madurez. Ninguna de estas personas poseerá todos estos dones y habilidades que Cristo otorga para el ministerio en la iglesia. Por lo tanto, las calificaciones para el ministerio reconocen que las habilidades y dones específicos se podrán identificar en los individuos, y luego se corresponderán con los ministerios a los que mejor se adecúen.

El carácter personal: la relación con Dios, con uno mismo y con otros

Las calificaciones para el ministerio comienzan con el nuevo nacimiento de la persona a una relación viva y perdurable con Dios por medio de Cristo. Es fundamental para el ministerio el compromiso con el camino de Cristo y con la iglesia a través del bautismo del creyente, el pacto de la membresía en una congregación menonita y la declaración de la confesión de fe menonita vigente. Un discípulo genuino de Cristo es aquel que se compromete a caminar con Cristo. Dicho compromiso se expresa en una fe dinámica y creciente por medio de la consistente y regular devoción a las Escrituras, la oración, la comunión con otros creyentes, la obediencia a los mandatos de Cristo y la voluntad de dar y recibir consejo dentro del cuerpo de Cristo.

Las epístolas pastorales del Nuevo Testamento establecen parámetros altos para las calificaciones para el ministerio en una variedad de posiciones de liderazgo dentro de la iglesia (1 Timoteo 3; 1 Pedro 5). Los apóstoles como Pedro y Pablo ofrecen una imagen de líderes que son discípulos apasionados y comprometidos, pero que no son perfectos. Las Escrituras llaman a cada líder a vivir una vida comprometida caracterizada por la integridad, la santidad y la voluntad de confesar los pecados y la propia humanidad, reconociendo que tanto la confesión y la humanidad dependen de la gracia de Dios.

La Iglesia Menonita de Canadá y la Iglesia Menonita de EE. UU. celebran la creciente diversidad étnica de la iglesia y proclaman que en Jesús el muro divisorio de hostilidad entre razas ha sido destruido (Efesios 2:14). Aunque consideramos que la diversidad es un don de Dios, reconocemos con tristeza el pecado del racismo en la iglesia. El racismo estropea las relaciones y disminuye a la iglesia. Los líderes fortalecerán su ministerio y sus congregaciones con esfuerzos intencionales por celebrar la diversidad, deshacer el racismo y desarrollar competencias interculturales.

Un ministro con una imagen saludable de sí mismo manifiesta una autoevaluación realista y estabilidad emocional, además de un claro sentido de su propio valor. Esta autovaloración tiene su fuente en Cristo. La vida de un líder ofrece además evidencia de que su carácter personal está siendo transformado a imagen de Cristo. Las evidencias de tal transformación personal incluyen los frutos del Espíritu (Gálatas 5:22-26) y las bendiciones del carácter cristiano descriptas en las bienaventuranzas de Mateo 5. Una actitud de alegría, humildad, apertura e integridad—fundada en el amor transformador de Dios, nutrida por el seguimiento de Cristo y fortalecida por el Espíritu Santo—describe el carácter en transformación de la persona.

En la vida personal de un líder se evidencia la capacidad de manejar el estrés y el conflicto. La flexibilidad, la capacidad de adaptación y la madurez se reflejan en su respuesta a las pruebas y dificultades de la vida. Comprenderse a sí mismo cada vez más y aprender a evaluar y manejar sus emociones y su funcionamiento brindarán al líder herramientas para atravesar los tiempos de estrés en el ministerio.

Se espera de los llamados para el ministerio una naturaleza amable y amistosa, así como la capacidad de decir la verdad con amor. Mateo 18 brinda una guía para rendir cuentas en relaciones de amor dentro de la comunidad de la iglesia. Provee un modelo para tratar las relaciones quebrantadas con abundancia de perdón y misericordia, de modo que el foco de la vida en comunidad sea el discipulado y no el conflicto.

El llamado de Dios: a través de la persona y desde la iglesia

El ministerio incluye un llamado personal e interior al ministerio y un llamado y una afirmación exterior por parte de la iglesia. El llamado interno de Dios llega por medio de un camino de discernimiento, con la evaluación personal del corazón y la mente, habiendo recibido un sentido de confirmación personal. Para algunos, el camino es relativamente corto, mientras que para otros es más largo y puede llegar con la prueba de los primeros años de ministerio. Este proceso implica abordar preguntas como las siguientes:

- ¿Encuentro en mí un sentido de amor profundo por la comunidad de fe, a pesar de los desafíos y complejidades?
- ¿Es común que otros me pidan ocupar posiciones de influencia?
- Cuando ayudo a la iglesia a crecer en su misión, ¿es una experiencia alegre para mí y para aquellos con los que trabajo?
- Cuando nombro los lugares donde obra el Espíritu de Dios ¿pueden reconocerlos también otras personas?

Otras preguntas que deben resolverse para discernir un llamado al ministerio incluyen la conciencia del lado oscuro de la personalidad de los ministros. Por ejemplo:

- ¿Poseo un espíritu de servicio o me tienta sutilmente el poder?
- ¿Conozco el verdadero sentido de la naturaleza del trabajo o estoy buscando prestigio, reconocimiento y aprobación?

El aspirante al ministerio comenzará a tener un sentido más claro de las responsabilidades involucradas. Estas incluyen la autodisciplina y la motivación requeridas para mantenerse fiel a la tarea del llamado y al llamado en sí. Con el crecimiento del sentido del llamado interno se alinean los dones, las actitudes, las expectativas y los anhelos personales con los requerimientos, las expectativas y las demandas del llamado.

El llamado de una persona al ministerio también ocurre dentro de la vida del cuerpo de la iglesia. Una persona no puede designarse a sí misma para el ministerio, sino que es la iglesia quien la escoge. Con la confirmación de las fortalezas y dones de la persona, la congregación confirma su llamado interno al ministerio. La congregación confirma que la persona es un miembro respetable de la comunidad de creyentes y que ha demostrado capacidades para el liderazgo. Existen momentos en que la iglesia reconocerá que los dones de la persona no son los requeridos para el ministerio pastoral y por lo tanto no afirmará el llamado interno.

Las congregaciones tienen el llamado a estar abiertos al mover del Espíritu en su vida y a ser fieles al solicitar los dones que Dios concede para la edificación del cuerpo. Esto significa que en algunos momentos la congregación iniciará un llamado externo a un individuo antes de que la persona sienta un llamado interno. En tales casos, se invita al individuo a responder al llamado de la congregación y comprobar si existe además un llamado interno de parte de Dios.

La conferencia regional y la iglesia nacional participan del discernimiento y la validación de un llamado a través del involucramiento en el proceso de emplazamiento del ministerio, el uso del formulario de Información sobre liderazgo ministerial y la orientación a lo largo del proceso de acreditación.

Calificaciones o requerimientos relacionados con las funciones

El Nuevo Testamento nombra una diversidad de dones, incluyendo dones para el liderazgo, concedidos a la iglesia para edificar el cuerpo de Cristo en amor y poder encarnar el amor de Dios en el mundo. La iglesia menonita ha adaptado sus patrones de liderazgo en varias oportunidades. En generaciones recientes el enfoque ha estado en tres expresiones de liderazgo: el pastor (ordenado) y otros líderes congregacionales a nivel congregacional, el liderazgo de supervisión por parte de la conferencia regional y la iglesia nacional, y la función de maestro tanto en la congregación como en la iglesia más amplia.

La identificación y el desarrollo de nuevas expresiones de los dones de apóstoles, profetas y evangelistas fortalecerán y complementarán las funciones actuales de liderazgo para guiar a la iglesia hacia una creciente madurez. Las siguientes expresiones ministeriales se encuentran en Efesios 4:11-13:

- **Apóstol** (catalizador/visionario): Este don se enfoca en el futuro: ser enviado a desarrollar nuevas posibilidades para la propagación del evangelio en contextos nuevos, para formar nuevos líderes y crear redes con otros en contextos nuevos.
- **Profeta** (desafiador/proclamador de verdades): Este don se enfoca en transmitir tanto los mensajes difíciles como los mensajes de ánimo de Dios, de manera que la iglesia pueda discernir su

contexto y responder con la obediencia a la voluntad de Dios, la proclamación de la verdad y el seguimiento del camino de Dios.

- **Evangelista** (comunicador): Este don se enfoca en la comunicación clara de las buenas nuevas del evangelio y en compartirlas, de manera que la gente responda y elija seguir a Jesucristo, así como en invitar a otros creyentes para que compartan también las buenas nuevas.
- **Pastor** (capacitador): Este don se enfoca en promover una comunidad de fe saludable que nutra y capacite a discípulos que maduran y se unen a la misión de Dios en el mundo.
- **Maestro** (practicante reflexivo): Este don se enfoca en comprender y explicar con sabiduría, conocimiento e inspiración de manera que la iglesia permanezca cimentada bíblicamente en su vida y testimonio cristiano.

La capacidad de administrar y organizar—incluso la capacidad de planificar, resolver problemas, delegar autoridad, motivar a las personas y evaluar—son también habilidades importantes para el liderazgo. Las habilidades administrativas y organizacionales adquieren mayor importancia según crece el tamaño del contexto del ministerio. Son vitales para la realización de los roles de liderazgo.

Juntas, la congregación y la persona llamada al ministerio identificarán en qué manera los dones del líder pueden utilizarse para capacitar a la congregación con el fin de llevar a cabo su visión. Un líder tendrá fortalezas en algunas de estas funciones y, junto a la congregación, llamará a otros que tengan dones de liderazgo, de manera que la congregación crezca en su madurez en Cristo en todos los sentidos. Algunas congregaciones pueden llamar a varios individuos con diferentes dones para conformar un equipo de liderazgo y/o ministerial.

Calificaciones educativas

Debido a que el ministerio incluye tanto un llamado interno como uno externo, algunos líderes comenzarán su ministerio con la capacitación pastoral, mientras que otros pueden contar con poca formación pastoral formal o ninguna, si su llamado se inicia a partir del llamado externo de la congregación. Aunque los líderes se acerquen con niveles diversos de preparación educativa, la capacitación pastoral específica sigue siendo importante.

El documento *Ministerial Credentialing, Competencies, and Education* (La acreditación ministerial, competencias y educación) nombra seis áreas de formación para el liderazgo que todos los pastores menonitas deben desarrollar durante su vida en el ministerio. Las seis competencias centrales son: historia bíblica, teología anabautista, espiritualidad cristiana, conciencia de uno mismo, compromiso misional y liderazgo. Aunque el nivel recomendado para el ministerio pastoral es la maestría en teología, resulta igualmente importante que un pastor tenga la voluntad de crecer y aprender. La educación continua es el estándar de práctica esperado para todos los pastores. Es de vital importancia para sostener el ministerio.

Durante el proceso de acreditación, la conferencia regional identificará áreas de crecimiento y proveerá oportunidades educativas o le señalará al aspirante cursos específicos ofrecidos por alguna de nuestras escuelas. Las escuelas de la Iglesia Menonita de Canadá y la Iglesia Menonita de EE. UU. proveen programas de capacitación para el ministerio pastoral y una variedad de excelentes oportunidades de educación continua. La búsqueda de tales oportunidades es una práctica propia de pastores saludables, activos y en crecimiento.

Sección III: El llamado, los pactos y las acreditaciones en el ministerio

El propósito de la política—entendida como forma de gobierno—es crear una visión compartida de las normas y prácticas para el liderazgo eclesial para que Dios sea glorificado a través del ministerio y el testimonio de la iglesia. Si bien todos los miembros son ministros, esta política describe a los líderes (por lo general, pastores) a los cuales la conferencia regional y la iglesia nacional autorizan para liderar una congregación o supervisar un ministerio.

Los pactos, que se hacen voluntariamente, yacen en el corazón de las comprensiones anabautistas de la iglesia. Como menonitas, deseamos vivir junto a otros en relaciones de responsabilidad, respeto y cuidado mutuos. Dichas conexiones nos ayudan a rendir cuentas unos a otros de nuestra vida y misión. "Ustedes son el cuerpo de Cristo, y cada uno de ustedes es un miembro con una función particular" (1 Corintios 12:27). Todos los miembros hacen una promesa al momento del bautismo. Tanto la instalación como la acreditación de un pastor son cultos de pacto entre el pastor, la congregación, la iglesia más amplia y Dios.

Esta política de liderazgo comprende que la relación entre una congregación y sus líderes—y también la relación entre las congregaciones de una conferencia regional y la iglesia nacional—son un pacto ante Dios. La relación, que se construye sobre las promesas hechas, es una relación de interdependencia y mutualidad. Este pacto se afirma cada vez que una congregación se une a la conferencia regional y a la iglesia nacional. Se hace realidad en la vida continua de la iglesia mientras lleva a la práctica su confesión de fe compartida y lleva a cabo los ministerios que fueron acordados en forma conjunta. El aspecto de la política que tiene que ver con la gobernación fluye de esta comprensión del pacto y de este respeto por el mismo.

Por lo tanto, la autoridad de gobierno concedida a los líderes se da dentro del contexto de este pacto mayor entre la congregación, la conferencia regional y la iglesia nacional. La autoridad se construye sobre un fuerte sentido de responsabilidad mutua (Hebreos 13:17). Aquellos que han sido escogidos para liderar reciben apoyo y rinden cuentas a otros en la iglesia.

La política de liderazgo ministerial que surge de esta relación de pacto reconoce tres oficios de ministerio:

1. liderazgo congregacional
2. liderazgo pastoral
3. ministerios de supervisión de la conferencia regional y la iglesia nacional

Generalmente, los pastores y aquellos llamados a cargos de supervisión reciben la ordenación, mientras que los llamados a roles congregacionales como el de diáconos y ancianos no la reciben. Las congregaciones pueden elegir reconocer a sus líderes congregacionales comisionándolos para su tarea.

La política menonita es una entre varias políticas de la iglesia. Estas pertenecen a un continuo desde la jerarquía (donde la autoridad se centraliza en pocas personas) a la congregación (donde la autoridad principal para la toma de decisiones está dentro de la congregación local). En este continuo existen tres enfoques clásicos: el episcopal, el presbiteriano y el congregacional. A continuación se expresan dichos enfoques de manera general para contrastarlos:

- **La política episcopal** posee una estructura jerárquica en la cual una persona o muy pocas (obispos) toman las decisiones. Estas decisiones se transmiten con poco o ningún aporte de la comunidad de fe local.

- **La política presbiteriana** concede autoridad de liderazgo a un presbiterio, el cual es un grupo de líderes ordenados y miembros congregacionales que hacen amplias consultas y representan a un grupo de congregaciones. Las decisiones tomadas a nivel local están sujetas a revisión por parte de cuerpos superiores, como el sínodo (un grupo regional mayor) y la asamblea general.

- **La política congregacional** describe un enfoque local a la autoridad, en el cual a las decisiones las toma la congregación entera que se reúne para discernir de manera conjunta, o bien aquellos miembros que eligen involucrarse. Los cuerpos regionales solo poseen generalmente poder para asesorar a la congregación local.

Cada uno de estos estilos organizativos—y varios estilos intermedios—posee fortalezas y virtudes. Aun teniendo diferentes historias y tradiciones, las políticas menonitas se han encontrado generalmente del lado congregacional del espectro.

Dentro de esta continuidad, una política menonita respeta y toma en serio a la congregación, mientras que al mismo tiempo comprende que la iglesia incluye a la familia mayor comprendida por las conferencias regionales, los cuerpos eclesiales nacionales y la iglesia menonita mundial. La autoridad se comparte dentro de la comunidad de fe local, además de ser compartida con los líderes de la conferencia regional y de la denominación; no se concentra en una sola persona. En la práctica, esta autoridad se ejerce en varios círculos a través del otorgamiento y la tenencia de la acreditación, a través de pactos y lineamientos de membresía, por medio de confesiones de fe y a través del discernimiento del pueblo de Dios. Una política como esta tiene la intención de servir no solo al liderazgo ministerial de la congregación sino también al liderazgo ministerial de las conferencias regionales y de la Iglesia Menonita de EE. UU. y la Iglesia Menonita de Canadá.

Ministerios de liderazgo: para fortalecer a la congregación local

Líderes congregacionales

Los líderes congregacionales—ancianos, diáconos, ministros laicos y miembros de la junta de la iglesia—son escogidos de entre la congregación porque manifiestan dones para el ministerio, el liderazgo colaborativo y una creciente fe cristiana. Algunos de esos líderes pueden conformar parte del equipo de liderazgo y/o ministerial para ayudar a definir la visión de la congregación, asistir en la evaluación del contexto local para el ministerio, brindar cuidado pastoral y supervisar espiritualmente a la congregación. En algunos contextos, estos líderes congregacionales cumplen además un rol de gobierno sirviendo en la supervisión y rendición de cuentas del pastor. Es extremadamente importante que el pastor y los líderes congregacionales se respeten y trabajen juntos por el bien de la congregación y su testimonio a la comunidad.

Límites y conexiones: Los líderes congregacionales complementan el ministerio del pastor y rinden cuentas a la congregación mediante revisiones periódicas. El objetivo es que cada congregación experimente un liderazgo comprometido, amoroso y espiritual.

El liderazgo pastoral

Los pastores acreditados por la conferencia regional sirven a la congregación a la que fueron llamados. Sus tareas podrían incluir la predicación, la enseñanza, los esfuerzos de extensión, el cuidado pastoral y la consejería, la adoración y la formación (incluyendo el bautismo, la comunión, las bodas, los funerales y la capacitación de todos los miembros para el ministerio), así como otras actividades que estimulan la salud y el crecimiento de la congregación.

Límites y conexiones: Los pastores respetan a cada miembro de la congregación a la cual sirven. A través de la estructura de liderazgo apropiada, son responsables ante la congregación de ayudarla a llevar a cabo su misión. Son acreditados y apoyados por la conferencia regional para el liderazgo pastoral en esa congregación y están dispuestos a recibir el consejo del ministro de conferencia regional. Los pastores apoyan a otros pastores y, cuando es posible, se reúnen periódicamente para orar, brindarse cuidado mutuo y alentarse.

Ministerios de supervisión (conferencia regional e iglesia nacional)

Cada conferencia regional designa a personal de ministerio de la conferencia regional para servir en ministerios de supervisión en las congregaciones locales. La comprensión del rol de supervisor se cimienta en las epístolas pastorales del Nuevo Testamento. El personal de ministerio de la conferencia regional ofrece apoyo pastoral a los pastores y las congregaciones de la conferencia regional. El personal de ministerio de la conferencia regional se relaciona con el cuerpo acreditador de la conferencia regional y lleva a cabo sus políticas. El personal de ministerio de la conferencia regional participa del proceso de acreditación, de las transiciones pastorales, del establecimiento de los lineamientos para el ministerio de liderazgo y de las oportunidades para la educación continua. El personal de ministerio de la conferencia regional rinde cuentas a la conferencia regional a través de la estructura establecida por esa conferencia regional particular. El foco general del personal de ministerio de la conferencia regional es asistir y desafiar a los pastores y las congregaciones locales a comprometerse plenamente en la actividad de Dios en el mundo proveyendo recursos, consejo, redes de trabajo y aliento.

A nivel de la iglesia nacional, una oficina de liderazgo ministerial proveerá orientación general, coordinación y apoyo al sistema de liderazgo pastoral y a los ministros que sirven en la iglesia. La oficina nacional incluye la responsabilidad de proveer recursos (lineamientos para el ministerio, materiales de transición ministerial y servicios de información) y asistencia (consultas y capacitación durante el servicio) a aquellas personas de las conferencias regionales que supervisan y cuidan del sistema pastor-congregación.

La oficina de liderazgo ministerial dispondrá los procedimientos para otorgar la acreditación ministerial. Genera espacios para que los ministros de conferencias regionales unifiquen la práctica del otorgamiento y la tenencia de la acreditación y reciban capacitación y desarrollo profesional. Las oficinas de liderazgo de la iglesia nacional conservan los archivos o perfiles de aquellos que tienen acreditación ministerial y registran en MennoData (una base de datos binacional de personas acreditadas) la situación de cada persona y su ubicación actual. La oficina de liderazgo ministerial es responsable ante el encuentro de conferencias regionales de toda la iglesia a través de cualquier estructura gubernamental que haya sido establecida por la iglesia nacional.

Límites y conexiones: Los miembros acreditados del personal de la oficina de la iglesia nacional y de la oficina de la conferencia regional se respetan mutuamente su rol. Trabajan juntos por el bienestar de los cuerpos más amplios de la iglesia, de las congregaciones y de aquellos que ocupan cargos ministeriales. Además, se cimientan intencionalmente en una congregación menonita local para gozar de la comunión cristiana, cultivar su espiritualidad, contar con apoyo relacional y tener una saludable rendición de cuentas.

Tipos de credenciales y cómo se obtienen

La acreditación para el liderazgo o el ministerio se otorga a aquellas personas que sienten un llamado al ministerio del liderazgo; son afirmadas por su congregación por sus dones y carácter y aprobadas por el cuerpo de acreditación para el liderazgo de la conferencia regional. Una persona que siente un llamado de Dios a un ministerio a largo plazo con jóvenes sigue el mismo procedimiento de licencia y ordenación que otros pastores congregacionales. Una persona que siente el llamado de Dios al ministerio a largo plazo con ancianos, en formación cristiana u otras áreas designadas por la congregación que llama podría seguir el mismo procedimiento de acreditación.

Mujeres y hombres pueden recibir la acreditación para el ministerio cristiano, que incluye el ministerio pastoral en el contexto congregacional (líder, asociado, asistente, de juveniles y copastor) y el ministerio conectado a otras organizaciones (capellanes, maestros, consejeros, obreros de la misión, y personal nacional y de la conferencia regional). Todas las congregaciones de la Iglesia Menonita de Canadá y la Iglesia Menonita de EE. UU. y las organizaciones pertenecientes a la conferencia regional y a la iglesia más amplia reconocen estas acreditaciones. La persona acreditada rinde cuentas a la conferencia regional por su acreditación para el ministerio.

Licencia hacia la ordenación

Esta licencia ministerial otorga a la persona todos los privilegios y responsabilidades que corresponden a una persona ordenada, salvo la capacidad de ordenar a otra persona. La licencia se expide generalmente por un período mínimo de dos años con el propósito de evaluar el llamado interno y externo al ministerio. El discernimiento futuro de dones ministeriales, habilidades y aptitudes podría o no conducir a la ordenación. La licencia puede extenderse por otro período de tiempo si se necesita más tiempo para el discernimiento. La acreditación de licencia finaliza cuando una persona recibe la ordenación o ya no se desempeña en la tarea ministerial actual. La condición pastoral de una tarea que finaliza figura en MennoData como caducada. Una licencia para el ministerio no es transferible a otra conferencia regional u otra denominación.

Para solicitar una licencia para el ministerio, deberá presentarse al cuerpo de acreditación para el liderazgo de la conferencia regional la siguiente documentación:

a. una carta de la congregación del aspirante que solicite la licencia para la persona (para un ministerio especializado, se requiere una carta de la congregación y de la organización que recibe el servicio);

b. una copia de un formulario nuevo o actualizado de Información de liderazgo ministerial; y

c. otros documentos requeridos por el cuerpo acreditador.

El cuerpo de acreditación para el liderazgo revisa esta documentación antes de la entrevista personal con el aspirante. Este cuerpo responderá con la aprobación o negación de la solicitud de licencia. Utilizando las seis competencias centrales (historia bíblica, teología anabautista, espiritualidad cristiana, conciencia de uno mismo, compromiso misional y liderazgo) para realizar el ministerio de la persona, el comité puede indicar alguna lectura, cursos académicos u otros requisitos que deberán ser completados durante el período de licencia, antes de considerar la ordenación. Además, el comité asignará un pastor experimentado de la iglesia menonita como mentor pastoral de la persona por el tiempo que dure el período de licencia. El reconocimiento de la licencia de la persona se realiza generalmente durante el culto de adoración de la congregación. Se contará con la presencia de un representante de la conferencia regional para instalar al pastor y otorgarle la licencia.

Ordenación para el ministerio

La ordenación es una acreditación a largo plazo para el liderazgo o el ministerio otorgada por la iglesia. La ordenación puede realizarse luego de un período de licencia. La ordenación es la acreditación apropiada para todos los pastores, el personal de ministerio de la conferencia regional, capellanes, misioneros, evangelistas, aquellos que sirven como ministros de la oficina nacional y aquellos designados por la iglesia para un rol continuo de liderazgo ministerial en la iglesia y de parte de la misma. La ordenación para el oficio de ministerio de la iglesia otorga a la persona todo el espectro de privilegios y responsabilidades ministeriales.

La ordenación se realiza normalmente posteriormente a un período de licencia, iniciándose el proceso antes del vencimiento de la licencia. La preparación para la ordenación incluirá la evaluación del ministerio de la persona y una reflexión sobre el mismo: dentro de la congregación, con el ministerio de conferencia regional y con el mentor pastoral.

La conferencia regional asiste a la congregación en el proceso de discernimiento y ordenación. Los grupos de liderazgo apropiados de la congregación y de la conferencia regional trabajan junto al aspirante para discernir si la persona está preparada para la ordenación. Aunque la conferencia regional se responsabiliza por la acreditación de ordenación, la conferencia regional necesita el consejo de la congregación y del pastor para tomar una buena decisión. Se recoge información acerca de las seis competencias básicas mediante entrevistas, referencias y material escrito.

Para solicitar la ordenación para el ministerio, deberá presentarse al cuerpo de acreditación para el liderazgo de la conferencia regional la siguiente documentación:

a. una carta de la congregación del aspirante que solicite la ordenación de la persona, incluyendo un breve informe de su proceso de discernimiento;

b. una declaración del aspirante referido al sentido de la ordenación, sus privilegios y responsabilidades, y la comprensión mutua de las relaciones de rendición de cuentas;

c. un informe y una declaración escrita de apoyo del pastor mentor (para las personas en un ministerio especializado, se requiere una declaración escrita de la organización);

d. una declaración o respuesta teológica según requiera el comité de la conferencia regional;

e. un formulario nuevo o actualizado de Información de liderazgo ministerial;

f. otros documentos requeridos por el cuerpo acreditador.

El comité correspondiente de la conferencia regional estudiará esta documentación antes de la entrevista personal con el aspirante. El liderazgo congregacional designa a un representante para participar junto al aspirante de la entrevista con el comité de la conferencia regional. Dicho comité responderá luego con sus comentarios, afirmando o negando la solicitud de ordenación.

Si la ordenación es aprobada, se planifica un culto de ordenación en acuerdo con la conferencia regional y la persona que recibirá la ordenación. El representante de la conferencia regional guiará el culto para simbolizar la relación de pacto entre el pastor, la congregación y la iglesia más amplia. Por lo general, se planifica un culto de adoración especial y se invita a la iglesia más amplia a participar de la celebración.

Acreditación de la licencia para un ministerio específico

Esta acreditación es específica en cuanto al tiempo, la ubicación o el rol ministerial. Por lo general no tiene la intención de conducir a la ordenación. Esta acreditación es para una persona que no siente un llamado personal al ministerio ordenado. La persona recibe el llamado de la congregación a servir en una tarea específica de liderazgo y podría recibir esta acreditación. La acreditación continúa durante el tiempo que la persona esté comprometida con una tarea de liderazgo y/o ministerial dentro de la congregación, u otro ministerio especializado de liderazgo (plantación de iglesias, capellanes, personal regional de la iglesia o personal nacional de la iglesia). Aunque esta acreditación se otorga a la persona que puede estar ejerciendo en una institución no perteneciente a la iglesia, dicha institución debería procesar la solicitud de acreditación junto a la congregación y la conferencia regional. Esta acreditación no es transferible a otra conferencia regional. El individuo que posee una licencia para un ministerio específico y la congregación podrían llegar a una nueva comprensión del llamado al ministerio en la vida de la persona. En este caso, la congregación puede solicitar la ordenación.

Esta licencia ministerial otorga a la persona todos los privilegios y responsabilidades ministeriales que corresponden a una persona que ha recibido la ordenación, salvo la capacidad de ordenar a otra persona. Esta acreditación ministerial se expide por el término de un período particular de servicio. Puede tener un límite de tiempo, posición, rol o ubicación geográfica, y no es transferible a otra conferencia regional o denominación. Una vez completada la tarea, la licencia finaliza y la condición pastoral en MennoData figurará como *vencida*.

Para solicitar la acreditación de licencia para un ministerio específico, deberá presentarse al cuerpo de acreditación para el liderazgo de la conferencia regional la siguiente documentación:

a. una carta de la congregación del aspirante que solicite la acreditación de licencia para un ministerio específico (para un ministerio especializado, se requiere una carta de la congregación y de la organización que recibe el servicio); y

b. una copia del formulario de Información de liderazgo ministerial;

El cuerpo de acreditación para el liderazgo correspondiente de la conferencia regional estudia esta documentación antes de la entrevista personal con el aspirante. Este cuerpo responderá con la aprobación o negación de la solicitud de licencia para un ministerio específico. Utilizando las seis competencias centrales (historia bíblica, teología anabautista, espiritualidad cristiana, conciencia de uno mismo, compromiso misional y liderazgo) para potenciar el ministerio de la persona, el comité puede indicar además lecturas adicionales o cursos académicos. Además, el comité asignará un pastor experimentado de la iglesia menonita como mentor pastoral de la persona durante los primeros dos años del período de licencia.

El reconocimiento de la licencia de la persona se realiza generalmente durante el culto de adoración de la congregación. Se contará con la presencia de un representante de la conferencia regional para otorgar la licencia a la persona.

Comendación

La comendación es una bendición concedida por la congregación a personas que realizan tareas especializadas en la congregación, a misioneros o a trabajadores de servicio cristiano. Depende de la congregación y no requiere acción por parte de la conferencia regional.

Mantenimiento de acreditaciones ministeriales

La conferencia regional posee las acreditaciones de todas las personas que reciben la licencia hacia la ordenación, la ordenación o la licencia para un ministerio específico ejercido en esa conferencia regional. Cada conferencia regional es responsable de mantener un registro actualizado de todas las acreditaciones en MennoData. Para la salud de los pastores y las congregaciones, la conferencia regional provee una estructura de rendición de cuentas y recursos para todas las personas acreditadas de su conferencia regional. Una vez al año, el personal de la iglesia nacional solicita a las conferencias regionales la actualización de sus registros en el sistema MennoData utilizando las siguientes categorías:

Acreditaciones por rol ministerial
I. Supervisión de ministerios pastorales

A. Acreditado con licencia hacia la ordenación; no se usa normalmente para el ministerio de supervisión IA

B. Ordenación

1. Ordenado y desempeñándose como ministro de la oficina nacional IB1

2. Ordenado y desempeñándose como ministro de conferencia regional o ministro de jóvenes IB2

3. Ordenado y desempeñándose en un oficio de ministerio zonal (ministro de conferencia regional zonal, supervisor, obispo, anciano de distrito) IB3

C. Acreditado con licencia para un ministerio específico IC

II. Ministerios pastorales y liderazgo en la iglesia más amplia

A. Acreditado con licencia hacia la ordenación; rol de ministerio inicial dentro de la denominación IIA

B. Ordenación

   1. Ordenado y desempeñándose como pastor principal o copastor en una congregación IIB1
   2. Ordenado y desempeñándose como asociado, asistente o pastor de jóvenes en una congregación IIB2
   3. Ordenado y desempeñándose en un contexto especializado:
      a. Capellán o consejero pastoral IIB3a
      b. Plantador de iglesias, pastor interino, tarea misional o de servicio IIB3b
      c. Liderazgo ejecutivo de la conferencia regional o de la iglesia nacional IIB3c
      d. Maestro en una institución educativa de la Iglesia Menonita de Canadá/EE. UU. IIB3d

C. Acreditado para un ministerio específico IIC

   1. Acreditado con licencia y desempeñándose como pastor principal o copastor en una congregación IIC1
   2. Acreditado con licencia y desempeñándose como asociado, asistente o pastor de jóvenes en una congregación IIC2
   3. Acreditado con licencia y desempeñándose en un contexto especializado:
      a. Capellán o consejero pastoral (por lo general un capellán tendrá la licencia hacia la ordenación o estará ordenado) IIC3a
      b. Tarea misional o de servicio IIC3b
      c. Liderazgo ejecutivo nacional o de conferencia regional IIC3c
      d. Maestro en una institución educativa perteneciente a la Iglesia Menonita de Canadá/EE. UU.

III. Ministerios de liderazgo congregacional

Los líderes congregacionales que reciben el llamado a servir pueden comendados por la congregación. La comendación es una bendición ser especial de la congregación, pero no se considera una acreditación por parte de una conferencia regional o de la iglesia más amplia. No se registra en MennoData.

Categorías de acreditaciones

Acreditación con licencia hacia la ordenación (LTO): Se otorga una licencia con el propósito de discernir dones, habilidades y aptitudes ministeriales, generalmente por el plazo mínimo de dos años. Puede ser renovada por un término adicional si se necesita más tiempo para el discernimiento, salvo que la persona avance hacia la ordenación o la tarea culmine. Durante el período acreditado, la condición pastoral es *activa*. La condición pastoral de una tarea que culmina se registra como *vencida*.

Ordenación para el ministerio:

Activa (OAC): Es la acreditación para aquellos que se desempeñan en una tarea de liderazgo y/o ministerial.

Activa sin cargos (OAW): Es la acreditación para aquellos que no ejercen actualmente una tarea ministerial. Esta condición es válida por un período de hasta tres años consecutivos, luego de los cuales la condición de la acreditación se convierte generalmente *inactiva*. En algunas ocasiones, una conferencia puede contar con una razón especial para extender dicha condición por un período más prolongado.

Inactiva (OIN): Es la acreditación para aquellos que no han ejercido funciones ministeriales por más de tres años consecutivos. Esta acreditación no es válida para ejercer funciones ministeriales. La conferencia regional que posee esta acreditación no es responsable por las acciones de la persona reconocida por la misma. Si se recibe posteriormente una invitación a desempeñar una tarea ministerial, se informará al cuerpo acreditador para el liderazgo de la conferencia regional y se realizará una entrevista para decidir si se vuelve a activar la acreditación de ordenación.

Jubilado (ORE): Es la acreditación para aquellos que se han retirado o jubilado del ministerio activo. Esta acreditación es válida para el ejercicio de funciones ministeriales y debe ser ejercida en consulta con la conferencia regional. La condición pastoral de una persona que se había retirado en un momento pero luego recibe una invitación a una tarea ministerial se cambiará a *activa.*

A prueba (OPR): Es la acreditación para aquellos que ejercen una tarea ministerial y que reciben supervisión muy de cerca por un período especificado para determinar si la acreditación se continúa. Al finalizar el período de prueba, se determinará si la acreditación pasa a *activa, suspendida* o *finalizada.*

Suspendida (OSU): La acreditación para el ministerio queda en suspenso por un período especificado por razones disciplinarias. Al finalizar el período de suspensión, se decidirá si la acreditación pasa a la condición de *a prueba, activa* o *finalizada.* Las acreditaciones suspendidas no son válidas para el ejercicio de funciones ministeriales.

Finalizada (OTE): (Previamente retirada): Es la condición otorgada cuando la conferencia regional ha retirado activamente la acreditación debido a alguna acción disciplinaria. El individuo ya no contará con una acreditación de ordenación.

Retirada (OW1): (Previamente finalizada): Es la condición otorgada cuando una acreditación ministerial se finaliza por razones no disciplinarias. Esta condición también se otorga a un pastor que ya no está afiliado a la Iglesia Menonita de Canadá o la Iglesia Menonita de EE. UU. El individuo ya no contará con la acreditación para la ordenación.

Fallecido (ODE)

Acreditado con licencia para un ministerio específico (LSM): Es la acreditación otorgada por un período particular de servicio, limitado en tiempo, posición, rol o ubicación geográfica. Cuando la tarea finaliza, la condición pastoral en MennoData pasa a *vencida.*

La transferencia de acreditaciones

Cuando una persona ordenada se muda a otra conferencia regional, la conferencia regional que la recibe solicita la transferencia de la acreditación. La conferencia regional en la cual el pastor se ha desempeñado tiene la responsabilidad de revisar la experiencia del pastor y determinar si su acreditación está en condiciones de transferirse. En MennoData, la única acreditación que puede transferirse es una acreditación de ordenación en condición *activa, inactiva* o *jubilado*. Al transferir la acreditación ministerial, la conferencia regional receptora será la única responsable del mantenimiento de la acreditación a través de su supervisión y de la estructura de rendición de cuentas.

Ministros ordenados en otras tradiciones de fe cristianas

Las oficinas nacionales de la Iglesia Menonita de Canadá y la Iglesia Menonita de EE. UU. utilizarán el proceso de discernimiento del Protocolo de Emplazamiento para ayudar a una persona de otra tradición de fe cristiana a evaluar si prosperará en el contexto de una congregación anabautista/menonita. Si tanto al ministro de conferencia regional como a la oficina nacional de la iglesia les parece bien, se invitará a la persona a completar el formulario de Información de liderazgo ministerial y proseguir con el proceso habitual.

Los ministros ordenados en otras tradiciones de fe cristianas que asuman una posición en la Iglesia Menonita de Canadá o la Iglesia Menonita de EE. UU. recibirán generalmente una acreditación de licencia por dos años, la cual podrá renovarse por dos años más. Se les asignará un mentor pastoral. Tal período de acreditación permite discernir si la relación ministerial es de beneficio tanto para la iglesia como para la persona que ministra. Se espera que la persona acreditada afirme y enseñe la fe anabautista/menonita luego de cumplir con las lecturas y los estudios apuntados en historia, teología y eclesiología menonita. Se espera que la persona asista a las sesiones de la conferencia regional y a los grupos de pastores como manera de edificar relaciones con otros colegas, otras congregaciones y con la conferencia regional. Luego de haberse completado positivamente el período de acreditación de licencia, la conferencia regional dirigirá un culto de pacto para afirmar la ordenación previa de la persona. La conferencia regional le entregará un certificado de ordenación menonita.

El llamado y la localización de pastores

Las personas que participan del ministerio pastoral son miembros de la congregación en la que se desempeñan. Por lo tanto, también pertenecen a la iglesia más amplia y son parte de su vida. Reciben su llamado a través de la iglesia local en consulta con la conferencia regional y rinden cuentas a la iglesia más amplia por medio de la conferencia regional correspondiente a su lugar de residencia.

El llamado al ministerio

Los pastores potenciales tienen un sentido del llamado a servir a Cristo y a la iglesia de modo eficaz. Son esenciales la fe vital y viviente en Cristo y un anhelo profundo del bienestar de la iglesia. Una persona que siente el llamado de Dios al ministerio también escucha el discernimiento de la iglesia respecto a sus dones para el ministerio. Las congregaciones tienen un rol activo al identificar y alentar a hombres y mujeres para que consideren el ministerio pastoral al darles palmadas en el hombro, orar por ellos y animarlos en su desarrollo personal y espiritual mientras disciernen el llamado de Dios. Las congregaciones ofrecerán además oportunidades y experiencias para probar estos dones en las actividades misionales de la congregación.

Las personas que perciben un llamado al ministerio se preparan a través de estudios relacionados con las seis competencias centrales (historia bíblica, teología anabautista, espiritualidad cristiana, conciencia de uno mismo, compromiso misional y liderazgo) identificadas por la Iglesia Menonita de Canadá y la Iglesia Menonita de EE. UU. Aquellos que tienen cargos de supervisión animan a estas personas a crecer en estas competencias mediante las oportunidades educativas formales e informales que se desarrollan en nuestras escuelas, conferencias regionales e iglesias nacionales.

El proceso de la Información de liderazgo ministerial (MLI, por sus siglas en inglés)

Las oficinas nacionales de liderazgo ministerial de la Iglesia Menonita de Canadá y de la Iglesia Menonita de EE. UU. trabajan de cerca con las conferencias regionales para asistir a las congregaciones en la búsqueda de pastores. Una persona interesada en una posición ministerial completará los siguientes pasos:

1. Completará un interrogatorio MLI por internet con la oficina nacional correspondiente o llamará a la oficina nacional para expresar su interés.

2. Luego de una conversación, la oficina nacional asignará información para acceder al MLI. Esto se hace generalmente por internet.

3. Una vez completado y entregado el MLI y luego de efectuar el pago, la oficina nacional procesará el formulario y enviará un formulario de referencia a las personas mencionadas en el MLI como referencias. Una vez devueltos los formularios, se desarrollará una versión compuesta de las respuestas.

4. Ambas oficinas nacionales mantienen un registro nacional de personas que buscan una posición pastoral. Las conferencias regionales tienen acceso a esta lista y pueden solicitar un MLI, incluyendo las referencias, para un comité de búsqueda congregacional de la conferencia regional.

5. Se anima a las personas que buscan ser consideradas para una posición que se mantengan en contacto con los ministros de la conferencia regional para hablar de posibles lugares disponibles. Cada oficina nacional cuenta también con un listado por internet de congregaciones que buscan pastor.

Encontrar el lugar indicado

Cada conferencia regional establece procedimientos para ayudar a aquellos que están en el ministerio pastoral y a las congregaciones a encontrar la mejor opción para todos. Las congregaciones, como los pastores, tienen personalidades, dones, desafíos particulares, llamados misionales e historias. Por lo tanto, se pone una minuciosa atención en el llamado a un pastor. En el proceso de discernimiento, se atienden los dones pastorales y las necesidades de la congregación. Se requiere mucha oración y trabajo intencional. (Vea el "Paquete de Transición Ministerial" de las oficinas nacionales de liderazgo ministerial de la Iglesia Menonita de Canadá o de la Iglesia Menonita de EE. UU.). Para este proceso son muy importantes los integrantes del personal de la conferencia regional. El ministro de la conferencia regional u otros integrantes del personal de la conferencia están plenamente involucrados durante el período de transición. Animan a la congregación a considerar tanto a mujeres como hombres para los cargos pastorales.

1. La ética relacionada con el llamado a un pastor

Los líderes congregacionales siguen los lineamientos de la conferencia regional para llamar a un pastor. Trabajan cuidadosamente dentro de las estructuras de la conferencia regional antes de contactar o llamar a una persona que ejerce como pastor en otra congregación en la misma zona, en la misma conferencia o en otro lugar dentro de la iglesia menonita.

El llamado al pastor se extiende con base en sus acreditaciones, sin limitaciones por el género, la edad, las discapacidades físicas o la identidad étnica, cultural o nacional. Las personas que han tenido un fracaso ético o moral se consideran seriamente como aspirantes únicamente luego de un cuidadoso discernimiento guiado por la conferencia regional con el fin de determinar si la persona está preparada para ejercer un rol activo en el ministerio. Las conferencias regionales son responsables de compartir una valoración honesta sobre los pastores de su región que están buscando llevar a cabo tareas en otra conferencia regional. Los líderes congregacionales inician conversaciones honestas con el aspirante sobre el proceso y la manera en que se determinará finalmente el llamado. Siempre trabajarán para propiciar una buena relación entre el aspirante y la congregación.

2. La preparación de un memorándum de entendimiento (pacto de acuerdo)

 a. **Descripciones del ministerio:** Las expectativas claras y escritas acordadas entre el pastor y la congregación incluirán lo siguiente: tareas, compromiso de tiempo, título, rendición de cuentas, estructuras de apoyo, proceso para planificar la revisión y los comentarios, honorarios y disponibilidad durante las vacaciones. Además se establecerá un día libre por semana y una política de período sabático. Las expectativas son realistas, no excesivas. Este documento se revisa y se modifica anualmente para reflejar los cambios en las expectativas.

b. **Salario y beneficios:** El salario que se paga al pastor es proporcional a su capacitación, experiencia y responsabilidades; el salario es además adecuado al costo de vida local. El salario se revisa anualmente en consulta con el pastor. Nuestras oficinas nacionales de la iglesia definen lineamientos sugeridos para el salario de los pastores que las congregaciones consultan para definir este punto, así como los beneficios del pastor.

c. **Plazo del servicio:** En algunas congregaciones, el plazo acordado de servicio es de tres o cuatro años. En otras, el plazo es abierto, sin una duración definida. El memorándum de entendimiento (pacto de acuerdo) deberá especificar las expectativas.

d. **Solicitudes externas:** El pastor y los líderes congregacionales deberán revisar en forma conjunta las solicitudes que son externas al trabajo pastoral congregacional. Estas incluyen los pedidos de servir en juntas nacionales o locales o pedidos de personas que no son miembros para eventos como funerales y bodas.

e. **Empleo adicional y actividades:** Cuando el pastor ejerce a tiempo completo, un empleo adicional y otras actividades que llevan un tiempo significativo se procesan junto a personas del liderazgo congregacional antes de tomar decisiones al respecto. Si surgen diferencias, se busca el consejo del personal de la conferencia regional. En muchos contextos, las oportunidades ministeriales ofrecen menos que un empleo de tiempo completo. En tales casos, se adecúa apropiadamente la carga laboral. Si el pastor elige otra vocación de medio tiempo, la misma será consistente con las creencias de la congregación y no interferirá con las responsabilidades del pastor. La congregación respetará el arreglo de medio tiempo que tiene con el pastor y no cargará el tiempo del pastor con expectativas de tiempo completo.

3. La relación entre el pastor y la congregación

La salud continua de la relación entre el pastor y la congregación es de vital importancia para la misión de la iglesia. A muchas congregaciones les sirve establecer un comité de relaciones entre el pastor y la congregación u otra estructura que atienda la relación entre estas dos partes. En cualquier estructura de apoyo, la relación es de mutuo consejo, apoyo e intercambio continuo.

En tiempos de una crisis personal del pastor, los líderes congregacionales hacen la segunda milla. Ofrecen amor, confianza y apoyo personal al pastor y su familia, y adecúan apropiadamente la carga laboral. El ministro de conferencia regional es notificado de inmediato para brindar recursos, consejo y apoyo adicionales. De manera similar, un proceso de evaluación puede ser un tiempo de estrés significativo para el pastor y su familia. Los líderes congregacionales y el personal de la conferencia regional brindan cuidado pastoral durante este tiempo. La conferencia regional también ofrecerá cuidar de la congregación en tiempos de dificultad y crisis.

4. La relación con un nuevo pastor

Cuando un nuevo pastor se presenta en una congregación, se establece una nueva relación con los líderes congregacionales. Los líderes congregacionales se enfocan cuidadosamente en la nueva relación, evitando conductas o actividades que estorben el desarrollo del vínculo. Los líderes congregacionales moldean la conducta de la congregación para permitir que la relación con el pastor anterior disminuya. Esto significa específicamente que el pastor anterior rechaza pedidos de los miembros de la congregación para que oficie en bodas o funerales: los líderes congregacionales colocan firmemente todas las dinámicas de cuidado pastoral en manos del nuevo pastor. Con esto tipo de liderazgo, los líderes congregacionales crean un ambiente en el que los miembros de la congregación transfieren más fácilmente su amor y apoyo al nuevo pastor. La conferencia regional asistirá a la congregación y al pastor anterior en el desarrollo de un pacto/acuerdo beneficioso para todos los involucrados. Esto debería hacerse cuando el pastor anterior finaliza su ministerio en la congregación. Los pastores que se retiran y/o se jubilan tienen la responsabilidad de contribuir a una transición fluida al nuevo pastor y apoyar su ministerio.

Las relaciones que brindan recursos al ministerio

El ministerio pastoral incluye el compromiso personal, el reconocimiento y la alegría de que uno participa de algo más grande que uno mismo. Todos los pastores necesitan de una estructura que brinde los recursos y la rendición de cuentas para prosperar en su llamado. Los pastores se involucrarán en relaciones con grupos o individuos, como grupos de pastores, directores espirituales y compañeros de oración, con el fin de profundizar su llamado y su conexión con los propósitos de Dios en el mundo. Además, los pastores atenderán su relación con Dios, su cónyuge y su familia. Aunque no es fácil, alinear el llamado personal con la visión de Dios para el mundo es una tarea colmada de profundo propósito y alegría.

La responsabilidad del pastor ante los líderes congregacionales y el personal de la conferencia regional—así como la asistencia a reuniones generales de la iglesia más amplia—es también un medio para recibir apoyo y dirección con el fin de mantenerse fiel al llamado de Dios. Se entiende que los informes y revisiones realizados para aquellos ante quienes uno es responsable son positivos y saludables.

La preparación para el ministerio de liderazgo

Las personas llamadas al ministerio son discípulos de Cristo que aprenden constantemente a realizar su llamado vocacional. Tanto la preparación específica como el aprendizaje continuo son esenciales para que el ministerio sea sostenido y eficaz. Los ministros de la conferencia regional buscan conscientemente promover diversas maneras en las que las personas que están en el ministerio pueden acceder al aprendizaje y profundización de las seis competencias centrales (historia bíblica, teología anabautista, espiritualidad cristiana, conciencia de uno mismo, coompromiso misional y liderazgo). Nuestras escuelas menonitas y algunas conferencias regionales ofrecen capacitación en una variedad de formatos: cursos residenciales tradicionales, cursos por internet e híbridos, cursos que otorgan créditos y cursos que no, y cursos por correspondencia. Aunque es preferible el título en ministerio convencional (maestría en teología), es de mayor interés el deseo continuo de crecer de la persona. El período de acreditación con licencia permite cursar materias específicas, sugeridas por el cuerpo de acreditación, para enfocarse en alguna o varias de las competencias centrales. Se anima a las congregaciones y a otros lugares donde el pastor se desempeña a proveer apoyo económico para este trabajo.

Revisión pastoral

Una revisión pastoral y otras formas de intercambiar comentarios informalmente son inevitables y naturales y están siempre presentes. El pastor diseñará una revisión formal junto a los líderes congregacionales y de la conferencia regional por la salud del ministerio y de la vida congregacional. Se consultará al personal de la conferencia regional para llevarla a cabo. Las revisiones informales o mal elaboradas son injustas, incluyen temores y amenazas de personas particulares y faltan el respeto al pastor. Solo las revisiones diseñadas de acuerdo a los objetivos y prioridades enunciados por la congregación y a la descripción de tareas del pastor serán eficaces para lograr el objetivo deseado de crecimiento.

El objetivo es desarrollar una revisión formal de manera responsable que contribuya a la salud y el bienestar tanto de la congregación como del pastor. El propósito básico de la revisión pastoral es facilitar el crecimiento hacia un ministerio más eficaz, afirmar las áreas que están funcionando bien y bendecir al pastor. El pastor y la congregación se benefician más cuando la revisión mira más al futuro que al pasado. La revisión afirmará las áreas fuertes e identificará las áreas de crecimiento.

No es aconsejable abordar un proceso de revisión cuando la congregación o la conferencia regional están enfrentando otros temas importantes. Si se presentaran conflictos significativos, los mismos deberán abordarse por separado y antes de cualquier revisión formal.

Será apropiado realizar junto a la revisión del pastor una revisión congregacional que evalúe la realidad actual, clarifique las prioridades y establezca los objetivos a perseguir al participar de la misión de Dios en el mundo. Se alienta fuertemente el trabajo junto a los líderes de la conferencia regional, de manera que ellos puedan ofrecer recursos y perspectivas para el diseño, la realización y el proceso de la revisión.

La búsqueda de integridad en el ministerio

Los pastores tienen conciencia personal de la gracia de Dios en sus vidas y dan a otros de la abundancia de esa gracia. Su continua atención a la salud espiritual, emocional, física, familiar y social contribuye a un ministerio y una iglesia saludables. Cada persona que participa del ministerio asumirá la responsabilidad de trabajar por su integridad y fomentar la integridad en los demás.

Sección IV: La ética en el ministerio

La ética para los pastores, líderes congregacionales, personal de la conferencia regional y de la iglesia nacional, capellanes y otras personas que están en el ministerio más allá de la congregación se basa en una relación de pacto con Dios por medio de Jesucristo. Este pacto se renueva en la cena del Señor. Se forma con Cristo y la iglesia en el bautismo y se fortalece a través de cada momento de gracia vivenciado en el cuerpo de Cristo.

Las normas éticas se establecen para crear y mantener relaciones responsables, de amor y de cuidado dentro de la iglesia, de manera que esta se fortalezca para participar eficazmente del ministerio de Cristo. La adherencia a las normas éticas también realza la vida y el ministerio del individuo.

Principios generales de rendición de cuentas

La rendición de cuentas para líderes congregacionales

Los líderes congregacionales cuentan con sistemas de rendición de cuentas dentro de las congregaciones en las que sirven. La descripción de tareas brinda claridad acerca de las responsabilidades y obligaciones. Las revisiones periódicas de su trabajo brindan la posibilidad de recibir comentarios y rendir cuentas, además de recibir apoyo. Se anima a los líderes congregacionales a aprovechar las oportunidades para fraternizar y las experiencias de aprendizaje que ofrecen la conferencia regional y la iglesia más amplia.

La rendición de cuentas para pastores

Las personas que están en el ministerio pastoral desarrollan múltiples relaciones de responsabilidad con líderes congregacionales y la conferencia regional que tiene su acreditación. Un memorándum de entendimiento (vea pág. 48) incluye: tareas, contextos periódicos de intercambio de comentarios, enriquecimiento, referencia, consejo y apoyo, y el proceso y la intención de las revisiones ministeriales. Tanto el pastor como los líderes congregacionales pueden iniciar la revisión. Los principios que guían tanto al pastor como a los líderes congregacionales incluyen la salud de la congregación, la sensibilidad a las necesidades del pastor y la preocupación por no herir a individuos ni contribuir al fracaso del ministerio del pastor. Los pastores que sirven en un equipo pastoral también tienen un pacto de entendimiento que guiará la rendición de cuentas y el trabajo entre los integrantes.

El pastor es consciente de que la congregación es parte de la iglesia más amplia. El pastor reconoce la manera en que la conferencia regional y la iglesia nacional se apoyan mutuamente e intercambian recursos. Trabajan juntos por el reino de Dios.

La rendición de cuentas para ministros de la oficina de la conferencia regional y la oficina nacional

Las personas llamadas a estas oficinas de la iglesia son responsables tanto ante la congregación de la que son miembros como ante la conferencia regional que posee su acreditación. Los ministros de la conferencia regional también son responsables ante sus pares de otras conferencias regionales a través de reuniones periódicas, que brindan consejo y estímulo. Todos los líderes congregacionales deben rendir cuentas a un cuerpo de acreditación para el liderazgo que establece acuerdos escritos que definen el significado de la rendición de cuentas en su conferencia regional particular.

La rendición de cuentas para pastores intencionales, de transición e interinos provisionales

Los ministros de conferencia fomentan frecuentemente el uso de un pastor intencional, de transición o interino provisional durante una transición pastoral en la vida de una congregación. Esto brinda a la congregación el espacio y la oportunidad de trabajar en varios temas, como el duelo, la pérdida, el conflicto interno y el dolor; buscar claridad acerca de la misión de la congregación; fortalecer la salud de la congregación; y prepararse para el nuevo pastor. Los pastores intencionales, de transición e interinos provisionales pueden trasladarse para brindar este ministerio especializado a una congregación aun perteneciendo a otra conferencia regional, pero su acreditación permanece en su conferencia regional de origen, donde son responsables ante el cuerpo de acreditación para el liderazgo. Los pastores especializados también rinden cuentas a la conferencia regional donde se desempeñan.

La rendición de cuentas para capellanes y otros que ministran fuera de la congregación

Las personas llamadas a estas áreas son responsables ante la institución que las emplea. Se guían por la descripción de sus tareas. También rinden cuentas tanto a la congregación menonita donde son miembros como a la conferencia regional que posee su acreditación. La persona, su congregación y la conferencia regional desarrollarán un pacto de entendimiento para la rendición de cuentas y el apoyo, de manera que se pueda ofrecer dirección y apoyo en estas relaciones. Dichas personas responden a las mismas normas éticas que aquellos que están en el ministerio pastoral.

La ética relacionada con el oficio pastoral

El proceso del aspirante

El aspirante a pastor toma la iniciativa para conocer el proceso que emprenderá al comenzar una relación como candidato para una congregación. El aspirante tendrá cuidado de respetar el proceso de la congregación en cada paso. Si una persona que no es miembro del comité de búsqueda de la congregación consulta al aspirante sobre el proceso de búsqueda, el aspirante lo dirigirá al comité de búsqueda. El aspirante a pastor ejerce confidencialidad y cuidado al buscar consejo y consultar al ministro de la conferencia regional. Durante el proceso de búsqueda, se anima al aspirante a formar un grupo de apoyo confidencial.

La relación con otros líderes congregacionales

El pastor es sólo uno de los líderes de la congregación. El pastor trabaja con los líderes congregacionales para descubrir el rol de la congregación al llevar a cabo la misión de Dios en la comunidad. El pastor lidera con esta visión en común, inspirando y fortaleciendo a la congregación a ser el pueblo de Dios y a dar testimonio a través de la confianza y la colaboración. La visión y los objetivos de la congregación guían la manera en que el pastor ocupa su tiempo—rindiendo cuenta a los líderes congregacionales, manteniéndolos informados y consultándolos regularmente. Al tomar decisiones y en épocas de conflicto, los mejores dones que un pastor puede ofrecer son una presencia imparcial y sin ansiedad, y un marco teológico anabautista. El pastor asume la responsabilidad de garantizar que la congregación se mantenga conectada con la conferencia regional y la iglesia nacional e involucrada con las mismas.

Renunciar y dejar una tarea pastoral

El pastor procesará cualquier decisión respecto a la renuncia o el abandono de una tarea pastoral junto al ministro de conferencia y los líderes apropiados de la congregación antes de efectuar cualquier anuncio público. Juntos determinarán una fecha de finalización claramente establecida (se considera que tres a seis meses son un tiempo apropiado) que respete el compromiso expresado en el pacto de entendimiento realizado cuando el pastor comenzó. El período comprendido entre el anuncio y el último día es un tiempo importante para dar un cierre y terminar bien de manera que la congregación quede liberada para considerar su futuro con un nuevo líder. El pastor no ofrecerá liderazgo en pos de ese futuro. Se anima tanto al pastor como a la congregación a planificar un final significativo de bendición para que ambas partes puedan avanzar a la siguiente fase de la vida.

Luego de dejar una tarea pastoral

Cuando la tarea pastoral culmina y el pastor avanza hacia un nuevo rol o se jubila, el pastor les da a la congregación que dejó y a su nuevo pastor espacio para formar entre sí una nueva relación. El pastor anterior ejerce gran sensibilidad hacia su sucesor y se abstiene de regresar a la congregación para brindar liderazgo. La reaparición de un expastor en tiempos de crisis o transiciones de la vida interfiere con el desarrollo normal de las relaciones entre los miembros y el nuevo pastor. El expastor deja el cuidado pastoral en manos de su sucesor. Se declinan también las invitaciones a participar de bodas y funerales—salvo en ocasiones excepcionales en las que el expastor considere la invitación por solicitud del pastor actual. El mejor cuidado pastoral que puede ofrecer un expastor es asistir al evento, en lugar de ejercer el liderazgo público. Las visitas a la congregación son poco frecuentes y casuales.

Existen contextos en los que el expastor permanecerá en la comunidad y continuará siendo miembro de la congregación en la que fue pastor. Se desaconseja la asistencia del expastor a las actividades de la iglesia durante los primeros doce meses posteriores a la llegada del nuevo pastor. Esta práctica es importante para darle espacio a la congregación con el fin de avanzar con el nuevo liderazgo. En esta situación, el expastor es proactivo al asegurar al nuevo pastor de su apoyo y respeto, y manifiesta la voluntad de participar del grupo de rendición de cuentas para el expastor si los líderes congregacionales o los de la conferencia regional se lo solicitan. El nuevo pastor y el personal de la conferencia regional dirigen este grupo de rendición de cuentas. Este grupo ayudará a explorar la nueva relación del expastor con la congregación de una manera que respete y apoye la transición del nuevo pastor a la congregación. El expastor es responsable ante este grupo por su relación con la congregación y sólo acepta las invitaciones ministeriales ante la solicitud del pastor actual.

Existen contextos culturales con diferentes entendimientos acerca del rol de los expastores. Sin embargo, el objetivo es que haya relaciones de liderazgo saludables que ayuden a la congregación a seguir enfocándose en unirse a la misión de Dios en el mundo.

Práctica ética para el ministerio pastoral

El "Artículo 15: Ministerio y Liderazgo" de la *Confesión de fe desde una perspectiva menonita* establece que: "El carácter y la reputación de los líderes ha de ser irreprochable". Los líderes deben seguir el ejemplo de Cristo en todo lo que hacen, "de tal suerte que la iglesia sea «[edificada] conjuntamente en espíritu para morada de Dios»". Los líderes que conservan una vida espiritual saludable, relaciones personales saludables y una sólida estructura de rendición de cuentas encontrarán el apoyo necesario para discernir los asuntos éticos que se les presenten en su ministerio.

El uso del poder

Con variaciones de grado, a todos los pastores se les otorga poder en la congregación a la que sirven. La congregación es la que otorga este poder y el pastor es quien lo ejerce. Negar este poder es dar mal uso a la confianza sagrada que se le ha entregado. Un pastor busca ser autoritativo, no autoritario. En tiempos de conflicto o controversia, un pastor recibe consejo tanto dentro de la congregación como fuera de ella para discernir si el asunto pertenece a la congregación, si es una reflexión sobre su liderazgo o si es una combinación de ambos.

Es necesario reconocer las propias limitaciones al igual que las de los demás. El pastor evita el favoritismo y la edificación de un grupo alrededor suyo. El pastor evita cultivar un estilo de "llanero solitario". Más bien, busca fomentar la cooperación y la interdependencia con otros líderes de la congregación. La actitud adecuada es hablar de *nuestra* iglesia en lugar de *mi* iglesia.

El pastor es un modelo de conducta administrativa apropiada, transmite información, ofrece consejo y apoyo, y conserva una actitud de cuidado, precisión y competencia. El pastor confía en la habilidad de la congregación de tomar decisiones y lleva una perspectiva teológica apropiada a dicho proceso. El rol es el de guía y facilitador.

En la congregación, el pastor no es la única persona con poder. Pronto el pastor descubrirá a personas con poder económico, social y hasta histórico en la congregación. Comprender y nombrar las realidades de diversos poderes es importante para que el pastor trabaje dentro del contexto ministerial local.

Las relaciones familiares

El pastor busca mantener un equilibrio saludable entre la iglesia, la familia y los amigos. Es modelo de maneras saludables de dejar a un lado el rol pastoral mientras pasa tiempo con su familia y amigos. Dichas relaciones son vitales para la salud emocional y la vitalidad espiritual cuando se ofrece liderazgo pastoral a una congregación. Aunque las amistades dentro de la congregación pueden ser posibles, el pastor debe ser claro acerca de su rol pastoral. Por lo tanto, es de ayuda formar amistades también fuera del contexto congregacional.

Si el pastor está casado, se anima a su cónyuge a desarrollar su propia identidad y a mantener claridad con los líderes congregacionales acerca de este otro aspecto de su identidad. Las demandas del trabajo del pastor se equilibran con tiempo adecuado para el cónyuge y la familia.

El bienestar de la relación matrimonial del pastor se vuelve importante también para la congregación. Las tensiones continuas en el matrimonio afectan no solo a la familia sino también al ministerio del pastor y finalmente también a la congregación. En tales situaciones, debería avisarse al liderazgo de la conferencia regional, que se convertiría en una fuente apropiada para encontrar apoyo. En el caso de una separación o divorcio, se aconseja que la conferencia regional y la congregación negocien con el pastor la posibilidad de alejarse un tiempo de las funciones pastorales para tener un período de sanación. La conferencia regional y la congregación participarán del discernimiento futuro sobre la continuidad del ministerio del pastor.

A los pastores solteros que desean iniciar una relación amorosa se les aconseja formar dicha relación con alguien de otra congregación. Si se presentara el interés mutuo en iniciar dicha relación con una persona de la congregación en la que el pastor se desempeña, este deberá ser abierto y honesto con el ministro de la conferencia regional y los líderes congregacionales sobre la situación. El pastor manifestará la voluntad de seguir su consejo para el bienestar de la congregación y de la relación amorosa.

El cuidado de uno mismo

La capacidad del pastor de brindar cuidado pastoral a otros se basa en el cuidado apropiado de sí mismo: tomarse tiempo para el bienestar físico, un apoyo apropiado y sistemas de rendición de cuentas, la dirección espiritual, la consejería y las relaciones familiares fuertes. El pastor habla con el liderazgo congregacional cuando las necesidades propias y las expectativas de la congregación están desequilibrándose. El pastor tendrá una fuerte ética laboral y también una fuerte práctica del día de reposo y del descanso para evitar tanto la pereza como el exceso de actividad.

Las crisis acumuladas pueden crear mucho estrés personal. El pastor debería ser consciente del valor de buscar el apoyo y el consejo de otro pastor o del ministro de conferencia regional. La valoración realista de las necesidades de uno mismo y los entendimientos escritos sobre los sistemas de apoyo existentes dentro de la congregación pueden aliviar algo de este estrés. El pastor desea continuamente aprender sobre su contexto, su llamado y las Escrituras. La práctica regular de las disciplinas cristianas es de vital importancia para nutrir el corazón de una persona que ejerce el ministerio.

Sexualidad

Nuestros anhelos más profundos de Dios están relacionados con nuestra necesidad de intimidad con otros seres humanos. Los anhelos espirituales que nos energizan para el ministerio se relacionan con nuestra sexualidad. Es necesario que los pastores sean claros sobre las relaciones apropiadas y sobre los límites. La norma para las personas solteras es el celibato y para las personas casadas, la relación monogámica heterosexual, tal como se refleja en el artículo 19 de la Confesión de fe desde una perspectiva menonita.[1]

---

1   En resoluciones diferentes que fueron adoptadas en 2015 por la Iglesia Menonita de EE. UU. (Resolución sobre la situación de los Lineamientos de Membresía y la Resolución sobre la paciencia en medio de las diferencias) y en 2016 por la Iglesia Menonita de Canadá (Ser una iglesia fiel 7: Resumen y recomendación sobre sexualidad, 2009-2015), ambas denominaciones reafirmaron su compromiso con la postura articulada en la Confesión de fe desde una perspectiva menonita. En las resoluciones mencionadas, ambas denominaciones

Hablar con la verdad

Todos los líderes eclesiales son responsables de ser modelos y aconsejar a otros a decir la verdad con amor, evitando la tendencia a formar triángulos con otros por sus propias preocupaciones (decir a otro lo que correspondería que uno le dijera directamente a la persona implicada). Un líder no les repite la queja a otros en nombre de la persona ofendida, sino que ayuda a la persona ofendida a decir la verdad por sí misma. Los líderes congregacionales alientan a los miembros a hablar directamente con el pastor sobre los asuntos que tienen que ver con este, en lugar de hablar indirectamente sobre el pastor a través de los líderes congregacionales. En casi todos los casos, las instrucciones de Jesús de dirigirse primero al hermano que ha ofendido (Mateo 18:15-20) son la base de esta conducta de hablar con la verdad. Cuando existe una diferencia de poder entre el pastor y el individuo, los líderes congregacionales designarán una persona de contacto que acompañará a la persona a hablar con el pastor. En el caso en que un individuo presente una queja de abuso pastoral o de liderazgo, el documento *Ministerial Sexual Misconduct Policy and Procedure* (Normas y procedimientos relacionados con la mala conducta sexual ministerial) instruye sobre cómo se abordará el hablar con la verdad.

El pastor dice la verdad sobre sí mismo; no exagera ni engaña sobre su acreditación, capacitación, experiencia, registros del pasado, finanzas, condenas o mala conducta ética. La consulta y el discernimiento con el liderazgo de la conferencia regional son vitales al determinar cómo y qué necesita compartir el pastor sobre sus luchas del pasado o del presente—de modo que el pastor no quede atrapado en el poder destructor del secreto, sino que más bien pueda hablar con integridad y sabiduría respecto a lo que la congregación necesita saber.

De manera similar, los ministros de conferencia deberán tener integridad en sus consultas. Dicha integridad se encuentra al compartir

---

reconocieron que no todos concuerdan con este criterio, y ofrecieron paciencia o espacio para el discernimiento a aquellas congregaciones que puedan escoger un camino diferente. De todos modos, antes de bendecir los matrimonios entre personas del mismo sexo, se espera que dichas congregaciones disciernan en oración la voluntad de Dios para su situación, y que cooperen plenamente con las políticas y lineamientos de sus iglesias regionales o conferencias regionales.

honestamente la información acerca de aspirantes pastorales que son difíciles de emplazar, al compartir información con otras conferencias regionales o iglesias nacionales y al hablar de forma directa con los aspirantes pastorales que no se adaptan al ministerio pastoral.

Confidencialidad

La confidencialidad consiste en el respeto y el cuidado por la información recibida a través del trabajo en el oficio pastoral. No es guardar un secreto. Los pastores solicitan permiso para compartir información con otras personas de la congregación sobre la situación particular, la salud o la familia de un individuo. Existen momentos en los que un pastor debe compartir información confidencial con otros: en caso de sospecha de abuso infantil o cuando una persona está en riesgo de herirse a sí misma o a otros. Más allá de estas circunstancias especiales, el pastor busca trabajar con los individuos para recibir su consentimiento cuando serviría disponer de recursos o ayuda adicionales para la situación o el ministerio.

Los pastores y los líderes congregacionales buscan intencionalmente elaborar entendimientos mutuos sobre lo que es apropiado compartir en una reunión de líderes congregacionales. Su modo de compartir con la congregación su entendimiento mutuo sobre la confidencialidad y el uso de la información ejemplifican dicho entendimiento. Esto ayuda a la congregación a seguir prácticas seguras y saludables de respeto por la información personal, tanto en situaciones de encuentros cara a cara como a través de medios electrónicos o sociales.

Imparcialidad

Los pastores buscan servir a todas las personas de la congregación de manera imparcial, en reconocimiento de que uno no puede ser pastor para todos. Es necesario que los ministros de la conferencia regional, al trabajar con información confidencial del personal, traten de manera justa e imparcial a todos los aspirantes y las congregaciones.

La relación de la conferencia regional con el pastor y la congregación

La conferencia regional brinda recursos a los pastores, sus familias y a los líderes congregacionales. Dichos recursos incluyen consejo para la búsqueda pastoral, liderazgo interino y revisiones; oportunidades de capacitación para el liderazgo; apoyo en tiempos de crisis o conflicto; y estímulo general de la salud pastoral y congregacional. En asuntos relacionados con las acreditaciones pastorales, la responsabilidad final yace en la conferencia regional, la cual procesa todo lo relacionado con el otorgamiento de acreditaciones para el ministerio de liderazgo y con las respectivas acciones disciplinarias.

La predicación y la enseñanza

El estudio regular de la Biblia, la reflexión y la práctica de las convicciones anabautistas centrales, una vida de discipulado construido sobre la oración y guiado por el Espíritu Santo, y el compromiso misional conforman una base sólida para que el pastor interprete fielmente las Escrituras. El pastor tiene la disciplina de incluir textos de toda la Biblia, incluso los textos difíciles y los que no le atraigan personalmente, y evita el uso excesivo de sus temas favoritos. La predicación y la enseñanza que además están abiertas a la sabiduría y pensamientos de otros equipan a la congregación para una vida y un testimonio fiel. El fundamento de la predicación es Jesucristo y la revelación de Dios de las buenas nuevas a lo largo de todo el texto bíblico. El objetivo de la predicación es que el reino de Dios sea el lente a través del cual vemos el mundo y el modo en que vivimos en él. El pastor es consciente del privilegio y la autoridad del acto de predicar. El pastor se cuida con humildad y oración contra el mal uso de dicho privilegio y autoridad: evita la predicación presumida o manipulativa, aquella que revela información confidencial y el plagio.

Se alienta al pastor a ejercitar la libertad profética, reconociendo que la capacidad de la congregación de recibir un mensaje surge de una relación de confianza y respeto y crece en dicha relación. El pastor y la congregación buscan vivir de acuerdo a las enseñanzas del sermón del monte de Mateo 18. El pastor respetará las creencias y las prácticas de la iglesia menonita y se dejará guiar por ellas. El pastor también reconoce sus propias limitaciones. El pastor invita y nutre a otros para la predicación y la enseñanza de modo que la congregación se capacite a través de los cinco ministerios de liderazgo (Efesios 4) para el servicio y la madurez que ejemplifica Cristo.

El cuidado pastoral y la consejería

El pastor guía a la congregación en el cuidado mutuo de los miembros. En el cuidado pastoral, el pastor es consciente del poder que posee por su conocimiento, experiencia, género, raza, posición social, presencia física, rol pastoral, posición y autoridad.

La consejería se enfoca en ayudar al individuo (o individuos) o a la familia a crecer en integridad y madurez como discípulos y como parte de la comunidad de fe. El pastor trabaja de manera confidencial, garantizando la seguridad personal tanto para el aconsejado como para sí mismo. El pastor reconoce sus limitaciones y el valor de la referencia. Cuando un pastor hace consejería, lo hace por un número limitado de sesiones (por lo general, no más de seis). Luego el pastor hace una derivación a un profesional si se necesita mayor atención. El pastor es siempre responsable por la relación de consejería. La responsabilidad ante pares y el asesoramiento profesional pueden apoyar al pastor a mantener una relación de consejería saludable. Cualquier conducta sexualizada por parte del pastor en un contexto de consejería es totalmente inaceptable. Tal comportamiento es una traición a la confianza, es explotadora, abusiva y es pecado. El pastor estará familiarizado con el documento *Ministerial Sexual Misconduct Policy and Procedure*.

La relación con la comunidad

El pastor representa fielmente a la congregación dentro de la comunidad y lidera la capacitación de los individuos y la congregación para ser la presencia de Cristo y sus testigos en la comunidad. La teología de la congregación guía su testimonio y accionar públicos. El pastor lleva a cabo una especie de defensoría en las relaciones ecuménicas y moldea las comprensiones de la congregación respecto a la obra redentora y la misión de Dios en el mundo. El pastor es respetuoso de otros aunque reconozca particularidades en la fe. Busca enriquecer las relaciones entre las congregaciones de la comunidad local, comparte los recursos cuando es apropiado y asiste a la congregación en su autocomprensión como parte de la iglesia diversa de Dios.

El pastor y los puntos de estrés

El pastor es consciente de su capacidad para el ministerio—incluyendo sus fortalezas y limitaciones—y de que otros también han recibido dones que deben compartirse con el cuerpo (Romanos 12.3-5). El pastor respeta la diversidad, convive creativamente con las diferencias, maneja el estrés y toma posturas claras sin imponer sus convicciones sobre otros. Cuando surgen diferencias, el pastor tiene la motivación del amor genuino por el otro y por "lo bueno" (Romanos 12.9-10) para abordar la diferencia. Cuando surge un conflicto en la congregación, el pastor y los líderes congregacionales siguen la ética de hablar con la verdad (Mateo 18) y se comunican con la conferencia regional para pedir asistencia.

La tecnología y el pastor

Los adelantos tecnológicos, tales como internet y los medios sociales, se han convertido en herramientas importantes para el ministerio. Estos mismos avances de la tecnología han traído también nuevos desafíos para asuntos antiguos, como la pornografía, la infidelidad en el matrimonio y el plagio. Un pastor saludable tendrá la fe como fundamento guía y prestará atención a su propio poder y sus límites profesionales; de este modo podrá discernir junto a los líderes congregacionales el uso apropiado de la tecnología y la rendición de cuentas por su uso.

Cuando se rompen las relaciones de pacto

A veces se desarrolla una relación inapropiada entre un pastor y un individuo, sea niño o adulto. Esto puede incluir una atención especial que el pastor recibe o da, regalos, correos electrónicos, otro contacto por medios sociales, llamadas telefónicas, cartas, visitas privadas y mantener una relación especial y "espiritualizada" de compañerismo. Estas relaciones inapropiadas producen mucho dolor y aflicción en la víctima, su familia y la congregación. Es imperativo que el pastor resista toda tentación a desarrollar tales relaciones. Debido al poder y la autoridad implícita en el oficio ministerial, dichas relaciones inapropiadas constituyen casos de acoso sexual y abuso. Sin importar cómo comienza dicha conducta, detenerla es siempre responsabilidad del pastor.

La mala conducta sexual del pastor incluye las siguientes acciones, aunque no se limita a estas:

- flirteo, avances o proposiciones
- conversaciones e imágenes compartidas—por medios electrónicos o de otro tipo—de naturaleza sexual
- comentarios gráficos o degradantes sobre la apariencia de otra persona, su modo de vestir o anatomía
- exhibición de objetos o imágenes sexualmente sugestivos
- chistes o insinuaciones sexuales, y gestos ofensivos
- preguntas sexuales o entrometidas sobre la vida personal de un individuo
- descripciones explícitas de las propias experiencias sexuales del ministro
- abuso de familiaridades o apelativos cariñosos como "cariño", "mi niña", "querida"
- contacto físico innecesario y no deseado como tocar, abrazar, pellizcar, dar palmadas o besar
- silbidos, piropos
- miradas lascivas
- exhibir los genitales
- agresión física o sexual
- relaciones sexuales o violación

Para protegerse del autoengaño en tales asuntos, los ministros de la conferencia regional trabajarán proactivamente con los pastores mediante enseñanzas y prácticas para los límites saludables. Los pastores reflexionarán periódicamente sobre su propia vulnerabilidad y tentaciones y buscarán las relaciones apropiadas para rendir cuentas. Cuando sea necesario, los ministros recomendarán derivaciones y consultas a las personas de referencia en busca de apoyo, consejo y terapia.

Hay veces en que una persona acreditada abusa de la confianza que la congregación ha depositado en él. Dicho abuso daña la relación de pacto entre la congregación, sus líderes, la persona acreditada y la iglesia más amplia. Los individuos que toman conciencia de la mala conducta de una persona acreditada informarán a la oficina de la conferencia regional. La oficina de la conferencia reegional seguirá los pasos señalados en *Ministerial Sexual Misconduct Policy and Procedure*. Este documento puede usarse además para otras situaciones de mala conducta ministerial, haciendo adaptaciones mínimas. Los siguientes son ejemplos de una ruptura de la confianza por parte de una persona acreditada que motivará un proceso de revisión:

- violaciones de la confidencialidad
- uso de la tecnología con propósitos ilegales o inmorales
- pornografía
- engaños o deshonestidad intencionales, incluyendo la distorsión de la verdad sobre sí mismo en la capacitación o en registros anteriores
- actos de violencia física, emocional o espiritual
- negligencia grave de las responsabilidades ministeriales
- irresponsabilidad o irregularidades financieras
- abuso sexual, violencia sexual o acoso sexual
- no rendir cuentas a la conferencia regional que posee su acreditación
- significativa desviación teológica de las comprensiones cristianas y anabautistas/menonitas
- esfuerzo por dañar el liderazgo de otro pastor
- comportamientos que debilitan a la congregación, a otra congregación o la relación con la iglesia menonita más amplia.

Los ministros de la conferencia regional trabajarán proactivamente con los pastores a través de enseñanzas y prácticas para los límites saludables. Los pastores reflexionarán periódicamente sobre su propia vulnerabilidad y tentaciones y buscarán las relaciones apropiadas para rendir cuentas. Cuando sea necesario, los ministros harán referidos y consultas en busca de apoyo, consejo y terapia.

Últimas palabras de aliento

Como afirmamos en la introducción, este libro tiene la intención de definir una visión común del liderazgo ministerial de la Iglesia Menonita de Canadá y la Iglesia Menonita de EE. UU. No tiene la intención de ser un libro de reglas, ni existe la suposición de que en sus páginas se abordan todas las preguntas posibles respecto al ministerio. Sin embargo, es nuestro esfuerzo por edificar relaciones duraderas de respeto e integridad entre las congregaciones, las conferencias regionales y sus líderes acreditados. Las conferencias tienen el compromiso de ser consistentes y responsables unas ante otras con el fin de promover líderes y congregaciones saludables. Este compromiso incluye la voluntad de abordar asuntos nuevos en nuestra iglesia compleja y continuamente cambiante mientras arribamos juntos a una comprensión más profunda del llamado de Dios para la vida de la iglesia.

Cuiden como pastores el rebaño de Dios que está a su cargo,
no por obligación ni por ambición de dinero,
sino con afán de servir, como Dios quiere.
No sean tiranos con los que están a su cuidado,
sino sean ejemplos para el rebaño.

1 Pedro 5:2-3 (NVI)

Glosario de términos

Acreditación: La asignación de derechos y privilegios a una persona que sirve en un rol ministerial dentro de la Iglesia Menonita de Canadá o la Iglesia Menonita de EE. UU.

Acreditación, competencias y educación ministerial: Las *seis competencias centrales* que los líderes de las conferencias regionales señalan como requisitos para los líderes pastorales dentro de las congregaciones de la Iglesia Menonita de Canadá y la Iglesia Menonita de EE. UU. Estas son: historia bíblica, teología anabautista, espiritualidad cristiana, conciencia de uno mismo, compromiso misional y liderazgo.

Anciano: El término utilizado para describir el rol de los líderes congregacionales que no son pastores (incluye a diáconos y ministros laicos).

Archivo/perfil: Un registro de la persona acreditada, mantenido por el personal de las oficinas nacionales a través de MennoData. Incluye el formulario de Información de liderazgo ministerial, referencias y condición pastoral, pero no se limita a estos.

Capellanía: Una forma de ministerio acreditado en ámbitos como escuelas, hospitales, cárceles y hogares para la tercera edad.

Conferencia regional: Un cuerpo regional de congregaciones menonitas que comparten un pacto con fines de misión, comunión y acreditación. Juntas conforman las iglesias nacionales. Este término describe a las *conferencias* de la Iglesia Menonita de EE. UU. y a las iglesias *regionales* de la Iglesia Menonita de Canadá.

Confesión de fe: Se refiere a una declaración de creencias y comprensiones anabautistas que guían la fe y la vida de la Iglesia Menonita de Canadá y la Iglesia Menonita de EE. UU. La confesión de fe actual se titula *Confesión de fe desde una perspectiva menonita* (1995).

Congregación: La comunidad local de creyentes de un lugar específico que comparten un pacto para la adoración, la comunión y la misión.

Denominación: El cuerpo mayor de una tradición cristiana. En este documento, la Iglesia Menonita de Canadá y la Iglesia Menonita de EE. UU. se consideran denominaciones asociadas.

Diácono: En algunas congregaciones, los diáconos sirven de sostén al pastor y ayudan a planificar el ministerio espiritual de la congregación. Algunos se involucran en dirigir la adoración, en la predicación, la consejería, la resolución de conflictos, la disciplina, el ministerio de caridad, etc. El término *diácono* incluye tanto a hombres como a mujeres (diaconisas).

Disciplina: Medidas que se toman para que una persona acreditada se haga responsable por haber transgredido normas morales o éticas.

Formulario de Información de liderazgo ministerial (MLI): El instrumento utilizado por el sistema de llamamiento ministerial de la Iglesia Menonita de Canadá y la Iglesia Menonita de EE. UU. para reunir información personal, de capacitación, ministerio y teológica de un estudiante o pastor que desea ocupar un cargo ministerial.

Iglesia: El término *iglesia* se refiere al cuerpo mayor de la Iglesia Menonita de Canadá y la Iglesia Menonita de EE. UU., que ha hecho un pacto a través de las conferencias regionales y las iglesias nacionales. La iglesia es además una realidad mundial que incluye al Congreso Mundial Menonita y otras tradiciones de fe cristianas.

MennoData: Un sistema que la Iglesia Menonita de Canadá y la Iglesia Menonita de EE. UU. utilizan para el registro de pastores, acreditaciones de pastores, congregaciones y conferencias regionales. Además, posee el formulario de Información para el liderazgo ministerial para los individuos que aspiran a nuevos o primeros cargos pastorales, o se preparan para una acreditación ministerial. El directorio de la Iglesia Menonita de EE. UU. por internet se genera a partir del sistema de MennoData.

Ministerio en contextos especializados: El ministerio en ámbitos no congregacionales como escuelas, hospitales, cárceles y hogares para la tercera edad. Por lo general, este tipo de ministerio lo ofrecen personas ordenadas.

Ministerio laico: El ministerio que se realiza generalmente sin recibir un salario por el mismo ni capacitación formal, con una modalidad de tiempo parcial marginal. Los ministros laicos pueden haber sido ordenados en el pasado, pero ahora son nombrados usualmente por la congregación. Por lo general, se sustentan económicamente con otro empleo.

Ministerios especializados: Ver *ministerio en contextos especializados.*

Ministro de la conferencia regional: Un ministro supervisor a nivel de la conferencia regional que se desempeña como pastor de ministros regionales, supervisores y/o pastores. Las tareas significativas incluyen conectar a pastores y congregaciones, supervisar la acreditación, facilitar la asistencia de mentores y organizar grupos de pastores. El término *conferencia regional* describe a las conferencias de la Iglesia Menonita de EE. UU. y las iglesias regionales de la Iglesia Menonita de Canadá.

Obispo: Un término utilizado por algunas conferencias regionales para designar una persona cuyo cargo enfatiza la supervisión espiritual de ministros (pastores) y, con frecuencia, de las congregaciones.

Oficina de liderazgo ministerial: La oficina nacional de la Iglesia Menonita de Canadá o de la Iglesia Menonita de EE. UU. Provee recursos para congregaciones y pastores y genera redes para conectar a las conferencias regionales. Esta oficina brinda además apoyo al personal de la conferencia regional.

Oficina nacional: Personal de la Iglesia Menonita de Canadá o de la Iglesia Menonita de EE. UU.

Pacto: En la comunidad de fe, el pacto se comprende como un acuerdo edificado sobre promesas hechas en la presencia de Dios. Los pactos se realizan entre el pastor y la congregación, entre la congregación y la conferencia regional, y entre la conferencia regional y la iglesia nacional.

Pastor bivocacional: Un pastor que se emplea en un cargo ministerial de menos de un tiempo completo y posee además otra vocación o empleo. Un pastor es siempre un ministro aunque comparta su tiempo con otro empleo.

Pastor intencional interino, pastor de transición: Los términos *intencional* y *de transición* se utilizan intercambiablemente y juntos pero tienen el mismo significado. Este tipo de pastor ayuda a la congregación a definir una nueva visión y dirección y una manera de trabajar juntos que promueve la salud de la congregación o le da salud.

Pastor interino provisional: Este término designa a una persona que asume una tarea ministerial de corto plazo en una congregación que está en transición pastoral. Un pastor provisional llega para sostener el ministerio básico.

Política: La estructura ministerial dentro de la Iglesia Menonita de Canadá y la Iglesia Menonita de EE. UU., al igual que las políticas, comprensiones y prácticas que guían el ministerio de liderazgo.

Rendición de cuentas: Una relación en la que una persona acreditada para el ministerio sujeta voluntariamente sus acciones y ministerio a una persona o grupo que tiene la autoridad de representar a la iglesia.

Supervisor: En algunas conferencias regionales, un pastor o líder de la conferencia regional es designado para supervisar a las congregaciones y los pastores. Las congregaciones, los pastores y las comisiones de liderazgo de la conferencia designan a los supervisores por un período específico de tiempo. Existen variaciones de una conferencia regional a otra en cuanto a los detalles prácticos de este oficio y su ministerio.

Puede encontrar recursos adicionales en el sitio web de la Iglesia Menonita de Canadá (home.mennonitechurch.ca) o de la Iglesia Menonita de EE. UU. (www.mennoniteusa.org):

- En la página de inicio de la Iglesia Menonita de Canadá, haga clic en "*What We Do*" (Qué hacemos). [Para ver la *Confesión de fe desde una perspectiva menonita (Confession of Faith)*, haga clic en "*About*" (Acerca de) y luego escoja "Beliefs" (Creencias).]
- • En la página de inicio de la Iglesia Menonita de EE. UU., haga clic en "Recursos" ("Resources") y escoja "*About Mennonite Church USA*" (Acerca de la Iglesia Menonita de EE. UU.), "*Leadership Development*" (Capacitación de líderes) o "Pastors" (Pastores).

Mennonite Church Canada

Mennonite Church USA

Mennonite Church Canada /
Iglesia Menonita de Canadá
600 Shaftesbury Blvd.
Winnipeg, MB R3P 0M4
866-888-6785

Mennonite Church USA /
Iglesia Menonita de EE. UU.
3145 Benham Ave., Suite 1
Elkhart, IN 46517
o
718 N. Main St.
Newton, KS 67114-1703
866-866-2872